IN TERZA PAGINA

IN
TERZA
PAGINA

Robin Pickering-Iazzi
UNIVERSITY OF WISCONSIN-MILWAUKEE

Lawrence Baldassaro
UNIVERISTY OF WISCONSIN-MILWAUKEE

HOLT, RINEHART and WINSTON, Inc.
New York   Chicago   San Francisco   Philadelphia   Montreal
Toronto   London   Sydney   Tokyo

Publisher:	Vincent Duggan
Associate Publisher:	Marilyn Pérez-Abreu
Developmental Editor:	Teresa Chimienti
Project Editor:	Danielle J. Khoriaty
Production Manager:	Priscilla Taguer
Design Supervisor:	Kathie Vaccaro
Text Design:	Ruth Riley
Cover Design:	Design 5
Photo Research:	Rona Tuccillo

Photo Credits   1, The Granger Collection. 11, Peter Menzel. 23, The Bettmann Archive. 35, Pia Friedrich. 47, Stuart Cohen. 59, AP/Wide World Photos. 71, Beryl Goldberg. 85, The Museum of Modern Art/Film Stills Archive. 95, AP/Wide World Photos. 107, Beryl Goldberg. 117, The New York Public Library Picture Collection. 129, Monkmeyer Press/Engelhard. 141, Comstock/Stuart Cohen. 155, Carlo Levi: «I quattro di Cutro», 1953 (particolare). 167, Monkmeyer Press/Mimi Forsyth. 179, Photo Researchers Inc./J. Pavlovsky-Rapho.

Library of Congress Cataloging-in-Publication Data
Pickering-Iazzi, Robin
    In terza pagina / Robin Pickering-Iazzi, Lawrence Baldassaro.
      p. cm.
    ISBN 0-03-013687-3
    1. Italian language—Readers—Civilization. 2. Italy—
Civilization. I. Baldassaro, Lawrence. II. Title.
PC1127.C5P54 1988
458.6'421—dc19   88–12834
                                                            CIP

ISBN 0-03-013687-3

Printed in the United States of America

9 0 1 2 090 9 8 7 6 5 4 3 2 1

Holt, Rinehart and Winston, Inc.
The Dryden Press
Saunders College Publishing

Acknowledgments   Grateful acknowledgment is made to the following authors and Italian newspapers for their permission to reprint the selections included in this book. Goffredo Bellonci: «La terza pagina: la sua nascita e le sue vicende,» by permission of *Il Giornale d'Italia*. Giuseppe Antonio Borgese: «La Siracusana,» by permission of *Corriere della Sera*. Dino Buzzati: «Il razzo lunare» and «Una visita difficile,» by permission of *Corriere della Sera*. Giuseppe Cassieri: «L'ospite americano,» by permission of *Il Messaggero*. Grazia Deledda: «Battesimi,» by permission of *Corriere della Sera*. Natalia Ginzburg: «È davvero una servitù? Essere donna,» by permission of *La Stampa*. Carlo Levi: «Non più esiliati ma protagonisti,» by permission of *L'Unità*. Primo Levi: «Nel cristallo una donna-cicogna,» by permission of *La Stampa*. Indro Montanelli: «I pantaloni di Alberto Sordi,» by permission of *Corriere della Sera*. Alberto Moravia: «Perdipiede,» by permission of *Corriere della Sera*. Ada Negri: «Cinematografo,» by permission of *Corriere della Sera*. Ugo Ojetti: «Parla Mussolini,» by permission of *Corriere della Sera*. Aldo Palazzeschi: «Il promesso sposo,» by permission of *Corriere della Sera*. Giuseppe Prezzolini: «La gioventù italiana dopo la guerra,» by permission of *Corriere della Sera*. Gianni Rodari: «Teledramma,» by permission of *Paese Sera*.

We wish to thank the following people for their assistance and helpful comments in the preparation of the manuscript: Giovanna Borradori, Anna Carozza, Davy Carozza, Adolfo Chiesa, Paolo Iazzi, Maria Teresa Rodari. We are also grateful to the College of Letters and Science of the University of Wisconsin-Milwaukee for providing financial assistance to support the preparation of the text, and to Kristin Cramer, Darlene Hagopian, and Joanne Koppa for their patient work in typing the manuscript. Special thanks to the many students in those classes in which we tested the material in this book.

R.P-I.
L. B.

Preface

The purpose of **In Terza Pagina** is twofold: to enhance students' reading skills and to promote conversation. It is designed primarily to be used as a supplementary reader at the intermediate level, where it may serve as a bridge between the review grammar book and the traditional survey of literature text. However, the nature of the selections and the variety of exercises are such that this book may also serve as a primary text at the advanced level.

A unique feature of this text is that its contents are drawn exclusively from the third, or cultural, page of Italian newspapers between 1921 and 1985. A combination of fiction and non-fiction pieces, these selections provide both an introduction to some of the major writers who have contributed to the third page and a selective panorama of several of the issues confronting Italy in the twentieth century, including Fascism, World War II, emigration, and feminism. Given the limitations of space and the purpose of this text, there are, of course, gaps in both areas. Several major writers who did contribute to the third page are not represented here simply because no samples of their writing were found that were appropriate, either in terms of subject matter or of linguistic complexity. Nevertheless, the sixteen selections that do appear represent the wide variety of content and style that the Italian public has found on the third page over the past seven decades.

In order to provide a historical perspective to the various issues addressed, we have retained the chronological order of these selections as much as possible. We have rearranged the first five selections, all published in the 1920's, so that those which are most likely to present students with the fewest linguistic challenges appear first. All other selections, with the exception of Bellonci's review of the history of the third page, appear in chronological order. The decision to place this article at the end, rather than at the beginning of the book, was also based on its level of linguistic complexity.

With three exceptions, all of the selections appear exactly as they were originally published. The pieces by Prezzolini and Bellonci were abridged because of their excessive length. One segment of the article by Montanelli was deleted because its many references to a culture other than Italian or American would have required numerous footnotes and did not, in our opinion, add to the students' understanding of the subject matter.

Pre-reading activities

Each reading selection is preceded by a set of pre-reading exercises or strategies which should be done collaboratively in class before the selection is assigned. The goal of these activities is to help prepare students to read the selection by making an unfamiliar text more familiar and less intimidating. Based on the premise that students already possess a certain knowledge of the general subject matter treated in the reading, the exercises are designed to activate the students' expectations of the material about to be read. By doing so, the exercises help provide a context for the reading selection and develop the students' ability to anticipate and predict the general content of the selection. For example, before reading an essay on the influence of American culture in postwar Italy, students are asked to identify topics that should be discussed in such an essay, and to discuss what they believe to be stereotypical images that foreigners have of Americans. Among the specific strategies employed in these pre-reading exercises are: predicting the content of the selection based on the title or on a brief passage from the text; expressing personal opinion on the topic of the selection; describing people and places of the type that will be encountered in the reading.

Vocabulary pertinent to the specific selection is previewed in two ways. First, a list of **parole utili** accompanies those exercises that ask students to anticipate or predict the content of the text. Second, students are asked to provide synonyms or definitions of several words or expressions that appear in sentences, thus encouraging them to develop the ability to guess meaning from context rather than to rely on the use of a dictionary.

At the end of each pre-reading section, students are encouraged to take notes, as they read, on a number of key points in the reading selection, which will ultimately provide the focus of the post-reading questions.

Marginal glosses

Whenever possible, Italian synonyms are provided in the margins for unfamiliar vocabulary appearing in the readings. When no easily-recognizable synonym in Italian is available or when the synonym does not correspond to the meaning of the Italian word in that particular context, an English translation is provided. We have often included Italian words whose meaning may not be readily known by students but which should be recognizable as cognates (e.g. **diligente** for **volonteroso**). In these cases, the students would ideally learn the meaning of two words, that of the cognate and that of the word in the reading selection.

Post-reading exercises

In keeping with the twofold purpose of the book, these post-reading exercises are designed to test both receptive and productive skills. Depending on the nature of the course, the instructor may choose to emphasize one or the other. The breadth of exercises provides the instructor with a choice and offers the more ambitious students a challenge. The questions listed under **Domande** are intended primarily to check comprehension, while the **Conversazione** questions seek to evoke personal expressions of the students' feelings and opinions.

Introduction

THE **Terza Pagina:** A HISTORICAL PROFILE

The **terza pagina,** or cultural page, was an important innovation in modern Italian journalism which has had a notable role in Italian culture and society, functioning as a bridge between intellectuals and the general public. It first appeared in 1901 in the *Giornale d'Italia,* the creation of that paper's editor, Alberto Bergamini. As editor, he wanted the Roman newspaper to be not only an informative news source, but also a tool to diffuse the ideas of major authors, historians, scientists, philosophers, and art critics concerning the many dimensions of Italian culture. Initially he published articles by renowned experts on topics of cultural importance in the last column of the front page. Soon, however, he reserved an entire section of the newspaper, the third page, as a place to bring together a variety of selections on the arts, social issues, science, history, and politics, which, in some manner, reflected the nature of Italian culture.

Bergamini's conception of a cultural page was fully realized on December 10, 1901, when the first **terza pagina** was published in the *Giornale d'Italia,* celebrating the opening performance of the play *Francesca da Rimini,* by the internationally recognized poet, novelist, and playwright Gabriele D'Annunzio. Readers enjoyed a comprehensive treatment of the play through articles written by experts in the fields of music, choreography, and literary criticism. This practice became a prototype for the **terza pagina,** which showcased short stories, poetry, and serialized novels, as well as thought-provoking articles on subjects that often stemmed from current political and local news events, or new philosophical, scientific, sociological, and literary ideas.

By 1906 several Italian newspapers had adopted the general concept of the **terza pagina** designed by the *Giornale d'Italia,* adapting the format to the character and objectives of the individual publications. Although the physical layout of the **terza pagina** has never adhered to a rigid formula, a general format has evolved for the placement of the various columns and features. The selection appearing in the first two columns, the most prestigious position on the page, came to be known as the **elzeviro**—a term adopted from the Elzevir type used for the title and often for the entire selection. The **elzeviro** encompasses a wide spectrum of content and form, ranging from articles and personal essays to fiction and poetry. (All of the selections included in this text were originally published as **elzeviri.**) With the exception of the **elzeviro,** the organization of the third page was, and remains, very flexible. The cultural page accommodates articles on medical and scientific topics, controversial events and issues, and several features that normally appear in the entertainment section of American newspapers or in literary supplements. These include reviews of books, films, theatrical and musical shows, as well as lists of new books. On the occasion of exceptional events, such as the election of a major political figure or a pope, or the death of an important person, the entire **terza pagina** may be dedicated to one subject.

Underlying the diverse forms of the **terza pagina** are two fundamental requirements: the content and tone must blend with the rest of the newspaper and, as an expression of daily life, the selections published on the cultural page must be topical, relevant, interesting, and accessible to a broad audience in their treatment of cultural topics. Though Bergamini originally conceived the third page with a well-educated audience in mind, the cultural page enjòyed popularity among a diverse and widespread readership. The **elzeviro** was often the topic of discussion in cafes, at the bus stop, in the office, and at home.

Much controversy surrounds the appraisals of the **terza pagina**'s cultural and journalistic role during the Fascist era. Accused by some of having avoided relevant issues, and applauded by others as the sole means to diffuse the ideas and social vision of Italian intellectuals and writers, the third page did undergo a gradual shift in focus from culture, in its broadest sense, to literature and the arts. Prior to Mussolini's rise to power, government policies in Italy and abroad, as well as political figures, events, and issues, were common subjects of third page articles. This collection's first two articles by Ugo Ojetti and Giuseppe Prezzolini illustrate this dimension of the **terza pagina**'s development.

In the mid-twenties, when Mussolini assumed dictatorial powers (1925) and pursued a concentrated campaign to control the systems of mass communication, the third page expanded its publication of short stories and articles on the arts. However, the selections published during the Fascist period demonstrate the notable cultural function the **terza pagina** fulfilled by providing a forum for creative expression and unexpected social critique. According to Fascist policy, journalism and literature were to create an orderly, life-affirming vision of a society whose members demonstrated social and moral commitment to the State. Despite the regime's endeavors to regulate the press—including directives from the Government Press Office indicating which events should receive news coverage, as well as the content and tone of that coverage—the third page escaped many journalistic restraints. Alberto Cavallari, a former editor of the *Corriere della Sera*, maintains that the **elzeviro** rarely underwent government interventions. Suicide, poverty, marital infidelity, criminality, and social dissatisfaction appeared on the lists of prohibited topics. Nevertheless, they recur in the short fiction published on the cultural page. As the short stories by G. A. Borgese, Grazia Deledda, and Ada Negri illustrate, Italian writers continued to portray the problematical dimensions of existence, undermining the image of well-being that Fascist authorities aimed to promote. Their representations of daily life compellingly depict an atmosphere of repression and unfulfillment.

The third-page selections published in the forties and fifties document with incomparable immediacy the changing social and cultural climate in Italy. In the wake of Fascism and World War II, a profound desire for truth and authenticity provided the impetus for literature, the visual arts, and journalism, as well as for the tastes of the Italian people. In its candid portrayal of the war's brutal effects, Dino Buzzati's story «Una visita difficile» anticipates the boom of neorealism on the cultural page, a multidimensional movement that, among other things, exposed the realities of the war, the Resistance movement, and the meager existence of the peasants, the factory workers, and the unemployed. The selections by Alberto Moravia and Indro Montanelli reflect the general sense of social concern and commitment underlying much of the literary and journalistic production of this time.

In spite of its special capability to inform readers about current issues of cultural importance, the third page underwent a decline in popularity in the early fifties. The quickened pace of current events and the expanded coverage provided by the media challenged the ability of the third page articles to attract readers. The more traditional, realistic forms of fiction also experienced a crisis because they were unable to capture the contemporary imagination. While realism remained strong on the third page, such authors as Dino Buzzati, Aldo Palazzeschi, and Gianni Rodari demonstrated a renewed interest in imaginative kinds of storytelling. Their fiction shows a felicitous union of socially relevant topics and fantasy, which conveys the surreal dimensions of contemporary life and society suggested by such fast-paced social and technological phenomena as space travel, extraterrestrial life, nuclear testing, and artificial insemination.

Gradually, the focus of the cultural page has come full circle, returning to a broad spectrum of topics. Its content and style are less literary, perhaps in an attempt to reach a broader audience. It is a rare occasion when newspaper readers have the opportunity to read a short story, such as Primo Levi's «Nel cristallo una donna-cicogna,» on the cultural page. Alberto Cavallari attributes this journalistic trend to the introduction of inexpensive paperbacks in the 1950s, and to the growing accessibility of television. Newspapers have since preferred to publish more articles on political and social issues, such as the selections by Carlo Levi and Natalia Ginzburg. Though some dailies continue to adopt the third-page format, others have abandoned it in favor of an expanded form, resembling that of Sunday inserts in American newspapers, which provides pages of traditionally third-page articles on, among other topics, literature, the visual arts, music, technology, and science. Given the ongoing social and journalistic trends, it is impossible to predict the future evolution of the third page. Nevertheless, in whatever form it may now appear, the original concept of the **terza pagina** continues to be a vital part of Italian journalism.

Contents

I QUOTIDIANI: UN SONDAGGIO INTRODUTTIVO

A. Scegli la risposta che corresponde di più alle tue abitudini e opinioni.

1. Quanti giorni alla settimana leggi tu il giornale?
   a. 1–2   b. 3–4   c. 5–7

2. Leggi più di un quotidiano, per esempio un giornale a diffusione nazionale e uno locale?
   a. sì   b. no

3. Leggi mai quotidiani stranieri?
   a. sì   b. no

4. Quali settori e rubriche del quotidiano leggi regolarmente?
   a. cronaca locale   g. radio e televisione
   b. notizie dall'estero   h. settore umoristico
   c. lettere all'editore   i. annunci economici
   d. pagine finanziarie   j. varietà
   e. sport   k. recensioni di libri
   f. spettacoli

5. Quando guardo il giornale...
   a. leggo attentamente   b. scorro le notizie

6. Leggo il giornale...
   a. per informarmi   b. per divertirmi

7. Secondo te, i giornali americani riportano sufficienti notizie di interesse culturale?
   a. sì   b. no

8. Ti piacerebbe se i quotidiani americani avessero una pagina particolare contenente articoli, lettere, racconti, e recensioni che in qualche modo riguardassero i diversi aspetti della cultura americana, cioè la scienza, la storia, le tendenze politiche, le arti, la moda, eccetera?
   a. sì   b. no

B. Discutere le risposte fornite alle ultime due domande del sondaggio.

Ugo Ojetti

PARLA MUSSOLINI

Ugo Ojetti
[1871–1946]

The varied activities that Ugo Ojetti conducted to promote the arts and to make the ideas of intellectuals accessible among the general public made him a central figure in Italian society and culture in the early 1900's. Poet, novelist, playwright, short-story writer, and critic, Ojetti made a noteworthy contribution to Italian culture in the field of literary journalism, a kind of writing developed and promoted on the **terza pagina.**

While contributing articles and personal essays to such publications as the *Tribuna,* the *Nuova Rassegna,* and the *Illustrazione italiana,* Ojetti began a long and successful period of collaboration with the *Corriere della Sera* in 1898. An uncanny observer, described by a contemporary as **«tutt'occhi e tutt'orecchi»**, Ojetti wrote on a broad range of topical subjects that encompassed political events, customs, fashions, architecture, painting, places he visited, and prominent figures in modern culture and society. As literary and cultural documents, these essays evoke in an unprecedented manner the spirit of the times in which the author lived. *Cose viste,* a seven-volume collection, unites the selections that Ojetti contributed to the *Corriere della Sera* under the pseudonym «Tantalo» from 1921 to 1939.

The following selection provides a descriptive account of Ojetti's impressions while he was observing Benito Mussolini (1883–1945) deliver a speech at the famous Augusto Theater in Rome in 1921. Though the essay lacks the wry wit and mild skepticism characterizing Ojetti's portrayals of modern life, it conveys the sense of immediacy and familiarity that typify the author's personal observations. Mussolini, the leader of the Fascist party, had gained increasing popular support by 1921. His hard conservative line appealed to landowners, industrialists, anti-Socialists, anti-Communists, and others who sought order during the profound economic and social crisis that Italy experienced after the First World War. Food and fuel shortages, inadequate housing, high unemployment, and frequent strikes for better working conditions were among the most pressing social problems of that time.

The speech that Ojetti describes takes place prior to the **Marcia su Roma** (on October 28, 1922, Mussolini mobilized his Fascist squads, and King Vittorio Emanuele III gave him the power to form a new parliamentary government), and before Mussolini's establishment of dictatorial powers (1925–1926). Nevertheless, from Ojetti's description emerge several traits and ideas that would characterize Mussolini's political image and policies: demagogic skill and the ability to sway his audience, the promotion of nationalism, and the theme of violence as a tool for social change.

Preparazione alla lettura

A. *Fornire l'articolo determinativo appropriato e cambiare le parole alla forma plurale.*

ESEMPIO sopracciglio
  il sopracciglio
  le sopracciglia

1. gesto
2. qualità
3. fronte (*f.*)
4. dito
5. regionalista

6. tasca
7. oratore
8. labbro
9. specie
10. mano

B. *Descrivere l'aspetto fisico di una persona immaginaria adoperando i seguenti nomi e aggettivi. Fare tutti i cambiamenti necessari.*

ESEMPIO ciglio/lungo
  Questa persona ha le ciglia lunghe.

1. volto (faccia)/classico
2. mano/bianco
3. occhio/stanco
4. naso/prominente
5. labbro/grande
6. mento/quadrato

C. *Leggere le seguenti frasi e dare una definizione o un sinonimo in italiano delle parole sottolineate secondo il contesto. Usare anche l'intuito.*

ESEMPIO Spesso egli <u>gestisce</u> solo con la destra, tenendo la mano sinistra in tasca.
  Fa un gesto con la mano.

1. Non avevo mai sentito un <u>discorso</u> di Mussolini.
2. Gli occhi tondi e vicini, la fronte nuda e aperta, il naso breve, <u>formano</u> il suo volto romantico.
3. Il discorso <u>volge</u> alla fine. E appena ha finito, s'avvia alla scaletta per scendere.
4. Accanto a me due giovanotti in camicia nera hanno le <u>lacrime</u> agli occhi.

D. *Scegliere una delle seguenti qualità e spiegare perchè è importante quando un oratore tiene un discorso in pubblico.*

1. limitare i gesti
2. parlare sempre in frasi complete
3. usare gli slogan
4. parlare sempre in modo affermativo e non esitante.

E. *Leggere il seguente saggio prendendo appunti sulle qualità oratorie di Mussolini, l'effetto del suo discorso sul pubblico, e le reazioni positive o negative di Ugo Ojetti indicate dalla sua descrizione.*

F. *Scrivere una frase tematica* (topic sentence) *per ciascun paragrafo della lettura.*

Parla Mussolini

All'Augusteo,° dal banco della stampa.° Non avevo mai udito un discorso di Mussolini. Egli mi si profila contro la cortina° di velluto° rosso che pende sulla scena. Ha due volti° in uno: il volto di sopra, dal naso in su; quello di sotto, bocca, mento e mascelle.° Non v'è, tra i due, nessun nesso° logico: ogni tanto, serrando° le mandibole,° spingendo innanzi il mento, corrugando le ciglia, Mussolini riesce ad imporre quel nesso ai due suoi mezzi volti, a conciliarli con uno sforzo di volontà, per un attimo. Gli occhi tondi e vicini, la fronte nuda ed aperta, il naso breve e fremente,° formano il suo volto mobile e romantico; l'altro, labbra diritte, mandibole prominenti, mento quadrato, è il suo volto fisso, volontario, diciamo classico. Quando alza le sopracciglia, queste arrivano a formargli sul naso un angolo acuto di maschera giapponese, sarcastica e tragica. Quando invece le aggrotta,° esse si dispongono in una netta° linea orizzontale, e gli occhi scompaiono° sotto le due arcate buie, e tra quella mezza calvizie° e quel mento appare una maschera cupa° e ferma che si può proprio dire napoleonica. Quale è il vero volto di Benito Mussolini?

Oratore espertissimo, padrone di sè,° sempre di fronte al pubblico, egli commenta ogni periodo,° ogni battuta,° col volto che le conviene. Il gesto è parco.° Spesso egli gestisce solo con la destra, tenendo la mano sinistra in tasca e il braccio sinistro stretto al fianco. Talvolta° si pone in tasca tutte e due le mani: è il momento statuario° del riassunto, il finale. Nei rari momenti in cui questa raccolta° figura d'oratore si apre e si libera, le due braccia roteano alte sulla testa: le dieci dita s'agitano come cercassero nell'aria corde da far vibrare; le parole precipitano a cateratta[1]. Un istante: e Mussolini torna immobile accigliato,° e con due dita si cerca il nodo della cravatta elegante per assicurarsi che non s'è scostato dalla verticale. Questi momenti di gesticolazione tumultuosa non sono i momenti commoventi:° sono per lo più il finale delle dimostrazioni logiche, un modo di rappresentare al pubblico la folla° degli altri mille argomenti

teatro Augusto/ banco... *press box*

curtain/velvet

facce

jaws

connessione/clenching/ *jaws*

trembling

wrinkles

decisa

spariscono

*baldness/***pensierosa**

padrone... *self-assured*

frase

affermazione/frugale

Qualche volta

statuesque

composta

frowning

moving

gran numero

---

[1] **cateratta**   serie di piccole cascate *(waterfalls)*

che egli enumera, accenna,° tralascia per brevità, una specie di eccetera mimico efficacissimo. — **allude**

Ma accanto a questa mimica dell'ottimo oratore, Mussolini ha tre altre qualità per conquistare l'uditorio. La prima è un periodare° compiuto, che non lascia mai una frase in tronco.° La seconda, una frequenza di definizioni morali, pittoresche e incisive che restano facilmente nella memoria: contro i regionalisti[2]: «Pare che gl'italiani siano già stanchi d'essere italiani»; in lode dei fascisti precursori: «Senza i fascisti del 1919 e del 1920 il fante ignoto° non dormirebbe oggi sul Campidoglio[3]»; contro i violenti: «Voi dovete guarirvi° del mio male». Terza qualità, l'affermazione continua, perentoria, riposante, dove i più si adàgino° con fiducia: niente nebbia, niente grigi, tutto il mondo ridotto a bianco e nero. I dubbi se li tiene per sè.

phrase-making
in... *incomplete*

fante... *unknown soldier*
recover

si... (fig.) **si abbandonano**

Il discorso volge° alla fine. Il volto per la fatica gli si è fatto più scarno,° ossuto e rigido. E appena ha finito e s'avvia alla scaletta per discendere, il deputato[4] Capanni lo afferra per la vita,° la alza più su della folla° col gesto del sacerdote° che alza dentro la raggiera° le sacre specie.

si avvicina
magro

waist/crowd
prete/*monstrance*

Accanto a me due giovinetti in camicia nera[5] hanno le lagrime° agli occhi. Se Mussolini vedesse queste lagrime, ne sarebbe più orgoglioso che degli applausi.

lacrime

Ugo Ojetti
tratto da *Corriere della Sera*
8 novembre 1921

---

[2] **regionalista** chi ha una forte identità regionale e parteggia per *(sides with)* la propria regione. Al contrario di questa tendenza, Mussolini cercò di promuovere l'identità nazionale italiana.

[3] **il Campidoglio** il più importante dei sette colli di Roma, su cui fu costruito alla fine dell'Ottocento il Monumento a Vittorio Emanuele II (il primo re d'Italia). Alla base di questo monumento fu aggiunta nel 1921 la tomba del Milite Ignoto a cui Mussolini allude.

[4] **deputato** chi è stato eletto dai cittadini a rappresentarli nel Parlamento, il quale è costituito dalla Camera dei Deputati e dal Senato

[5] **camicia nera** vestito tipico dei giovani del partito fascista

Esercizi

Domande

1. Dove fa il discorso Mussolini?
2. Come usa i gesti Mussolini?
3. Descrivi, nelle tue parole, le quattro caratteristiche che rendono Mussolini un oratore efficace.
4. Spiegare il termine regionalista.
5. Com'è il tono che Ojetti crea descrivendo la partenza di Mussolini?
6. Quale esempio adopera Ojetti per indicare la reazione del pubblico al discorso di Mussolini?

Conversazione

1. Spiegare l'importanza della lunga descrizione delle caratteristiche fisiche di Mussolini.
2. Usando esempi dal testo, commentare le opinioni dell'autore riguardanti Mussolini.
3. Paragona la tua impressione di Mussolini (basata sui libri che hai letto, sui film, o sui commenti dei parenti italiani) al ritratto che Ojetti crea.
4. Il saggio di Ojetti descrive le sue impressioni immediate di Mussolini, prima della dittatura fascista. Perchè può essere importante o utile leggere questo saggio?

Esercizi di grammatica e di lessico

A. *Dare la forma appropriata del verbo tra parentesi al presente indicativo.*

1. Il giornalista _____ (ascoltare) con interesse il discorso del presidente.
2. La folla mi _____ (spingere) avanti.
3. Gli spettatori _____ (porre) gli occhi sull'oratore.
4. Voi _____ (accennare) ad altri argomenti da discutere nella prossima riunione.
5. Ci _____ (convenire) andare in centro in autobus.
6. Secondo alcune persone, i prodotti di buona qualità a prezzi ragionevoli _____ (scomparire).

B. *Raggruppare le seguenti parole nelle categorie indicate.*

ESEMPIO VERBO	NOME	AGGETTIVO
profilarsi	*profilo*	*profilato*

1. fremente
2. pendere
3. scomparire
4. fremito
5. composto
6. commovente
7. pendente
8. scomparsa
9. commozione

10. gesto
11. fremere
12. pendenza
13. gestuale
14. comporre
15. commuovere
16. scomparso
17. gestire
18. componente

C. *Comporre una frase al presente indicativo usando quattro soggetti diversi.*

ESEMPIO aggrottare/sopracciglia
Claudia aggrotta le sopracciglia quando si arrabbia.

1. usare/gesti
2. roteare/occhi
3. spingere/porta
4. scendere/scale

D. *Una forma del superlativo assoluto* (very, extremely) *si forma con l'aggettivo o l'avverbio e il suffisso* **–issimo (a, i, e).** *Seguendo l'esempio, cambiare le seguenti parole al superlativo assoluto, e comporre una frase.*

ESEMPIO esperto
espertissimo
Secondo Ojetti, Mussolini era un oratore espertissimo.

1. aperto
2. tragico
3. male
4. agitato

5. efficace
6. orgoglioso
7. poco
8. breve

E. *Descrivi un tuo amico o una tua amica usando le parole sottoindicate.*

capelli
faccia
occhi
collo

ciglia
naso
labbra

Temi per componimento

1. Ricercare delle informazioni riguardanti la vita di Mussolini e comporre una breve biografia.
2. In base ad un film che hai visto, componi una descrizione di Mussolini descrivendo prima le caratteristiche fisiche e poi le qualità personali.
3. Uno degli slogan del regime fascista di Mussolini era «credere, obbedire, combattere». Dare le tue impressioni di un governo che funzioni secondo questo slogan.
4. Una delle «qualità» di Mussolini identificate da Ojetti è la sua tendenza a semplificare tutto, di vedere «tutto il mondo ridotto a bianco e nero». Commentare sugli aspetti positivi o negativi di questo modo di vedere il mondo da parte di un leader politico.
5. Ascolta un discorso di Mussolini su un disco e scrivi le tue impressioni.

Giuseppe Prezzolini

LA GIOVENTÙ ITALIANA
DOPO LA GUERRA

Giuseppe Prezzolini
[1882–1982]

*G*iuseppe Prezzolini was one of the most influential figures in Italian culture during the first part of the twentieth century. In 1908 he founded the important literary review *La Voce,* whose purpose was to deprovincialize Italian culture by exposing it to the latest currents in European thought. During the Fascist period Prezzolini maintained an apolitical public profile as a disinterested humanist, but he was recognized as a sympathizer with the nationalistic ideology of Fascism. In 1929 he moved to New York, where he taught for twenty years at Columbia University and directed its **Casa italiana.** After his return to Europe (first to Italy and then to Switzerland), he contributed regularly to the weekly magazine *Il Borghese,* and to newspapers such as *Il Tempo* and *La Nazione.*

A prolific writer, Prezzolini was the author of literary studies (*La cultura italiana,* 1923), essays, biographies (*La vita di Niccolò Macchiavelli fiorentino,* 1927), travel journals (*America in pantofole,* 1950; *America con gli stivali,* 1954), and an autobiography (*L'italiano inutile,* 1954).

The following article is of interest not only for what it reveals about the attitudes of Italian youth toward education in the years following World War I, but also for the insights it provides into their political and economic outlook one year prior to the Fascist takeover of Italy in October, 1922.

Preparazione alla lettura

A. *Adoperando le seguenti parole, formare delle frasi che descrivano la vita studentesca.*

Parole utili

l'aula	ragionare
la biblioteca	imparare
la cultura	insegnare
l'esame	
il liceo	
la carriera	
gli studi	
la ricerca	

B. *Dare un sinonimo o una definizione in italiano delle parole sottolineate nelle seguenti frasi.*

ESEMPIO L'aula era troppo piccola per quel numero di studenti.
            la classe; la stanza in cui gli studenti seguono le lezioni

1. I professori hanno notato, in questi ultimi anni, un risveglio del sentimento nazionale e patriottico.
2. Quando sono tornati dalla guerra, i reduci hanno dimostrato più serietà negli studi di quelli che non avevano fatto la guerra.
3. Mentre il passato è già conosciuto, l'avvenire è sempre un mistero.
4. Oggi l'automobile non è più un lusso ma un'esigenza.
5. Anche per il poliziotto abituato ai delitti più atroci, era un omicidio spaventoso.
6. Hanno dovuto fare tante dure lotte per conquistare la vittoria.
7. Nel calcio, il portiere deve parare il pallone prima che entri nella rete.
8. «Dobbiamo affrontare le vicende della vita con tranquillità e pazienza», ha detto il filosofo.

C. *Accoppiare i nomi nella prima colonna con i verbi corrispondenti nella seconda.*

<table>
<tr><td colspan="2" align="center">A</td><td colspan="2" align="center">B</td></tr>
<tr><td>1.</td><td>considerazione</td><td>a.</td><td>rifiutare</td></tr>
<tr><td>2.</td><td>dubbio</td><td>b.</td><td>preparare</td></tr>
<tr><td>3.</td><td>partecipazione</td><td>c.</td><td>insegnare</td></tr>
<tr><td>4.</td><td>risposta</td><td>d.</td><td>dubitare</td></tr>
<tr><td>5.</td><td>distinzione</td><td>e.</td><td>considerare</td></tr>
<tr><td>6.</td><td>insegnamento</td><td>f.</td><td>partecipare</td></tr>
<tr><td>7.</td><td>combattimento</td><td>g.</td><td>rispondere</td></tr>
<tr><td>8.</td><td>rifiuto</td><td>h.</td><td>distinguere</td></tr>
<tr><td>9.</td><td>preparazione</td><td>i.</td><td>lottare</td></tr>
<tr><td>10.</td><td>lotta</td><td>j.</td><td>combattere</td></tr>
</table>

D. *In base alla tua esperienza, quali delle seguenti affermazioni condividi* (do you share)?

1. La scuola superiore fornisce agli studenti una preparazione sufficiente per gli studi universitari.
2. Il contatto fra gli studenti e i professori è raro.
3. Gli studenti pensano spesso ai problemi morali e religiosi.
4. Gli studenti frequentano l'università per motivi economici; considerano la laurea come un mezzo per trovare un lavoro.
5. Gli studenti preferiscono seguire i corsi d'importanza pratica, non quelli di materie classiche o umanistiche.
6. Un gran numero di studenti lavora per poter frequentare l'università.
7. Ci sono fra i giovani studenti delle tendenze conservatrici.

E. *Leggere l'articolo prendendo appunti sulle opinioni dei professori riguardo ai seguenti punti: la distinzione fra quelli che hanno fatto la guerra e quelli che non l'hanno fatta; il livello di preparazione degli studenti universitari; le tendenze politiche degli studenti.*

La gioventù italiana dopo la guerra

Quali effetti ha prodotto la guerra nell'animo dei nostri studenti? Che cosa pensa, che cosa spera la gioventù venuta dopo la guerra? Quale classe dirigente° preparano le università? Mi sono spesso fatto queste domande durante gli anni seguiti all'armistizio; il disordine che si notava nelle scuole, la crescente indisciplina dimostrata dagli scioperi° scolastici, l'effetto deleterio° degli esami e delle lauree burletta° per le disposizioni° intese a facilitar gli studi durante la guerra, facevano dubitare tristemente dell'avvenire° che era preparato all'Italia. Si preparava dunque una massa di dottori, di ingegneri, di avvocati, di impiegati ignoranti e per di più insofferenti° d'ogni legge e d'ogni vincolo?°   **responsabile** *strikes*/**dannoso** *farce*/**attitudini** **futuro** **impazienti** *bond*

Ho cercato di capire dai giornali, da conversazioni con i più giovani, ma non riesco[1] ad afferrare° che pochi elementi: l'unico chiaro era la partecipazione al fascismo della gioventù delle scuole. Per il resto buio pesto.°   **capire** **buio...** *pitch dark*

Ho pensato allora di interrogare un certo numero di professori d'università, scelti fra quelli che, a mia saputa, erano in più diretto contatto con gli studenti e più capaci di essersi posti i miei stessi problemi. Mi hanno risposto circa cinquanta. Non sono molti. Alcuni si mostrano peritosi° e parlano di loro impressioni più che di giudizi. (Sembra che il contatto fra professori e studenti sia diventato più raro.) Ma sono cinquanta persone di levatura° superiore, quasi tutte di una certa rinomanza° scientifica, e le loro risposte concordano così bene, per quanto materia d'insegnamento e città universitarie siano molto distanti, che mi sembra di un grande interesse riassumerle ed esporle.°   *hesitant* **capacità/fama** **presentarle**

Imboscati[2] di guerra e di studio

Tutti i professori, all'incirca, dividono gli studenti che hanno avuto in questi anni in due categorie: quelli che

---

[1] **riescivo** da **riescire**, forma arcaica di **riuscire**
[2] **l'imboscato** chi, in tempo di guerra, riesce a tenersi lontano dal fronte

hanno fatto la guerra, e quelli delle nuove generazioni, che non l'hanno fatta. La guerra, dunque, ha avuto un'importanza sugli spiriti dei giovani; li ha segnati° in modo riconoscibile. Questa impressione si accresce quando vediamo alcuni professori concordare in una seconda distinzione e nel dare un reciso° giudizio: distinguono tra chi ha fatto la guerra da vero, e chi ha fatto soltanto il servizio militare, tra il combattente e l'imboscato. E questa distinzione ha un suo riferimento esatto anche alla vita del sapere.

messo segni

deciso

«Distinguo subito tra gente che ha fatto la guerra sul serio, e gente che ha frequentato i ministeri, le officine,° gli uffici di censura°... I primi sono rispetto a preparazione molto molto indietro, ma sentono la loro inferiorità, hanno il pudore° della loro impreparazione... Sono uomini coscienti... Gli altri hanno tutti i vizi, gli atteggiamenti, l'inerzia morale degli imboscati: si servono del servizio militare come d'uno scudo° per parare° la bocciatura».° (C. Manfroni, Padova)

workshops
censorship

modestia

*shield/***bloccare***/
failing (in an exam)*

Serietà e risveglio° religioso

rinascita

In quasi tutte le risposte che ho ricevuto, è un inno° alla maggiore serietà dei reduci° di guerra di fronte alla vita. Forse meno coizioni ma più pensiero.

hymn
veterani

«C'è un più vivo senso dei problemi spirituali» (A. Pellizzari, Genova). «I reduci dalla guerra sono animati da preoccupazioni più elevate e più complesse» (E. Buonaiuti, Roma). «Considerano con maggiore serietà le vicende° della vita e l'influenza che su questa ha una salda coltura» (D. Supino, Pisa). «Lo studente che ha fatto la guerra è in massima non dico superiore, ma più conscio° dei suoi doveri e della importanza degli studi» (P. Giacosa, Torino).

gli eventi

aware

Oltre a questo vi sono segni evidenti di un risveglio religioso, non soltanto per l'aumento degli studenti cattolici (F. Ramorino, Firenze, ed altri) ma nel senso della ricerca filosofica e della inquietudine religiosa. «C'è una più vasta ed aperta adesione a principi religiosi» (A. Pellizzari, Genova). «Predominano nella loro coscienza i problemi morali religiosi» (L. Venturi, Torino). «Hanno bisogno di credere» (E. Bodrero, Padova).

Lamenti dei pessimisti

Naturalmente non mancano i pessimisti. Sono però la minoranza. E, se non mi sbaglio, non è difficile metterli d'accordo con gli altri. Anzitutto alcuni dei lamenti non si riferiscono alla guerra, ma piuttosto al mutato clima delle idee. «Ozio° mentale, che si ribella alla ricerca paziente, metodica, ordinata e penosa e crede risolvere questo o quel problema con la leggerezza della intuizione più fantastica» (A. Niceforo, Roma). Più gravi sono le accuse di interesse puramente materiale che alle nuove generazioni sono mosse da alcuni professori. «Povertà intellettuale lacrimevole°... chiedono il libro di testo, la lezione letteralmente dettata.... Vogliono diventare avvocati o notai,° strappar° la laurea per gli impieghi»° (M. Falco, Torino). «Crescente indifferenza per il sapere, preponderante amore per quel pezzo di carta»° (F. Belloni-Filippi, Pisa). «Non pensano che ad affrettare° il conseguimento di un diploma per entrar nella vita di guadagno» (F. Ramorino, Firenze).

    Coloro che hanno risposto così, oltre ad essere stati colpiti da manifestazioni che ebbero, localmente, un carattere più grave anche, bisogna dirlo, per le condizioni anteriormente non sempre lodevoli° degli studi, (Napoli), hanno notato che sulla massa dei giovani d'oggi si è fatto più sentire il bisogno economico e la necessità di mettersi a posto.° «La ricerca di guadagni facili e grandi è oggi di tutti» dice il prof. Herlitzka.

Laziness

pitiful

*notaries/snatch/***posti di lavoro**

quel...   la laurea
rendere più veloce

praiseworthy

mettersi... *get established*

Il nuovo tipo di studente

Lo stesso fenomeno è stato osservato con più benigno giudizio. «È più intensa la preoccupazione per l'avvenire, cioè per la riescita[3] negli studi e nella carriera... c'è un maggior sforzo per riescire con maggior serietà» (P. Bellezza, Milano). «In questi giovani è grande il desiderio di penetrare nella vita e guadagnarsela» (F. Coletti, Pavia).

    Anzitutto il caroviveri[4] allontana gli studenti dalla città e dall'università. «La poca frequenza è dovuta al caroviveri» (G. Salvioli, Napoli). «La vita nelle città universitarie è tanto cara che solo a pochi è dato abitarvi. E perciò gran numero degli studenti si iscrive all'università ma continua a vivere nel proprio paese e fa solo rare apparizioni alla scuola» (A. Herlitzka, Torino).

    Ed ecco un fenomeno nuovo per noi: lo studente che lavora per mantenersi agli studi. Prima ciò non

---

[3] **riescita**   forma arcaica di **riuscita,** successo
[4] **il caroviveri**   forma arcaica per **il carovita** *(high cost of living)*

accadeva.° Lo studente era sempre mantenuto dalla **succedeva**
famiglia o, tutt'al più, dava ripetizioni.° Oggi «cercano un **lezioni private**
altro ufficio o lavoro qualsiasi per mantenersi agli studi.
Un tempo lo studente impiegato era un fenomeno d'ec-
cezione; oggi è quasi la regola» (G. Del Vecchio, Bologna,
Roma). «Cercano un impiego» (G. Mosca, Torino).

Insufficiente preparazione

Tutti i professori sono d'accordo nel deplorare le facilitazioni soverchie,° le sessioni straordinarie, le lauree di **eccessive**
guerra, ecc. Però un coro più unanime si leva° per **si... si alza**
deplorare lo stato intellettuale nel quale essi ricevono i
giovani principalmente dai licei.[5] Le facilitazioni del tempo
di guerra nocive° alla serietà negli studi universitari, sono **dannose**
state deleterie nella scuola media.

«Insufficiente preparazione agli studi superiori» (L.
Livi, Modena). «Il primo grave difetto è quello della
insufficiente preparazione liceale» (Herlitzka, Torino).
«La scuola secondaria italiana nel suo insieme, a parte le
rare eccezioni, non educa, nè allena° lo spirito alle lotte° **prepara/battaglie**
future della vita.... Metodi e programmi errati» (L. Bianchi,
Napoli).

Vent'anni fa la gioventù delle scuole che si occupava
di politica era in generale socialista o simpatizzante col
socialismo. Oggi ha cambiato del tutto. C'è un rialzo dei
valori patriottici. «Il sentimento nazionale si è fortemente
risvegliato» (E. Morselli, Genova). «V'è sentimento di
patria forte e vigoroso» (F. Coletti, Pavia).

Fascisti e popolari[6]

Il sentimento patrio ha preso le sue forme più spinte,
com'è naturale, presso i giovani, che sono o fascisti o
nazionalisti,[7] sebbene vi siano pure grossi nuclei di popolari. «Prevale il fascismo e la tendenza cattolica»
(Flamini, Pisa). «Il fascismo» (E. Troilo, Padova). «Im-

---

[5] **licei, scuole, scuola secondaria** vari termini per descrivere la
scuola secondaria superiore *(high school)*

[6] **popolari** seguaci del Partito Popolare, partito cattolico fondato nel
1919

[7] **nazionalisti** seguaci dell'Associazione Nazionalista, movimento politico fondato nel 1910 a favore della difesa dei valori nazionali; nel
1923 si fuse col fascismo

menso amore per la patria. Schietta° espressione del quale il fascismo» (A. Bonacci, Siena). Importante questo giudizio: «Assai più intensamente nazionalisti dei loro predecessori nel senso che o disprezzano, o non ammirano quanto prima, l'estero.° C'era prima una presunzione di superiorità dello straniero. Questa è scomparsa» (M. Pantaleoni, Roma).

    Mi pare che da queste risposte esca un quadro consolante, soprattutto per chi era male impressionato dello stato delle scuole in questi ultimi anni. La guerra ha lasciato traccie di serietà e di carattere; si sa di meno, v'è una decadenza del sapere minuto, ma in compenso maggiori desideri ideali, problemi generali e spirituali urgono le menti dei giovani, i quali, d'altra parte, sentono il bisogno di concretare, e la vita che li stringe con le sue necessità lo ricorderebbe qualora° se ne scordassero. Per ciò lo studente si muta,° diventa di già un lavoratore, un produttore alla sua età. I partiti che mostrano più animo, o più forza dottrinale, sanno attirare a sè i giovani; i quali non han simpatia per le utopie e amano il loro paese e lo vogliono salvare da un esperimento bolscevico.° Vi sono dei gruppi che pensano a tentare la sorte fuori d'Italia, perchè si sentono pari° con gli stranieri.

    Tutto questo dà una maggiore tranquillità. L'avvenire non è nero quando una nazione può contare sulla giovinezza delle sue classi dirigenti. Forse vi sono molti fenomeni chiassosi° di masse che fanno più impressione di quello che meritano, ma ciò che conta sono le minoranze che studiano, che lavorano e che sono ancora disposte a spendere la loro vita per un ideale.

Chiara

foreign lands

semmai
si... cambia

Bolshevik

uguali

turbolenti

Giuseppe Prezzolini
tratto da *Corriere della Sera*
11 settembre 1921

Esercizi

Domande

1. A quale guerra si riferisce il titolo dell'articolo? In quali anni si è svolta questa guerra?
2. Descrivere il tipo di professore che Prezzolini ha scelto di interrogare.
3. Spiegare la differenza fra **i combattenti** e **gli imboscati.** In che senso c'erano anche «imboscati alla scuola»?
4. Secondo i professori interrogati, qual è l'atteggiamento dei reduci di guerra verso l'educazione, e verso la vita in generale?
5. Quali sono i lamenti dei pessimisti?
6. Qual è il parere dei professori riguardo alla preparazione degli studenti quando escono dalle scuole secondarie?
7. Secondo i professori, qual è la tendenza politica della maggioranza degli studenti?
8. Dati i risultati dell'indagine, Prezzolini è ottimista o pessimista riguardo al futuro dell'Italia? Perchè?

Conversazione

1. Discutere la tendenza politica di Prezzolini messa in evidenza in quest'articolo.
2. Secondo te, i professori sanno ciò che pensano, ciò che sperano i loro studenti?
3. Credi che i lamenti dei pessimisti—che gli studenti non vogliono studiare, che vogliono soltanto «quel pezzo di carta» (cioè, la laurea)—siano validi oggi?
4. Ci sono, in quest'articolo, argomenti o opinioni che si potrebbero sentire o applicare oggi per quanto riguarda gli studenti universitari?
5. Divisi in gruppi di 4 o 5, date le vostre opinioni sugli studenti universitari di oggi (preparazione culturale, speranze per il futuro, atteggiamento verso gli studi, impegno politico). Scegliete uno del vostro gruppo che poi darà alla classe un riassunto delle vostre conclusioni principali.

Esercizi di grammatica e di lessico

A. *Volgere le frasi seguenti al passato prossimo.*

> **ESEMPIO** La Fiat produce delle automobili molto belle.
> *La Fiat ha prodotto delle automobili molto belle.*

1. Giulio e Marisa non riescono a trovare un buon appartamento vicino all'università.
2. Gli studenti rispondono bene alle domande quando si preparano.

3. Perchè la professoressa divide gli studenti in due gruppi?
4. Gabriella frequenta l'università di Bologna.
5. Se non mi sbaglio, oggi voi fate la presentazione.
6. In che anno ti laurei dall'università?
7. I prezzi dei libri mi impressionano!
8. Oggi ci iscriviamo all'università e scegliamo i corsi.
9. Il numero di studenti universitari aumenta.
10. Patrizia, guadagni bene con il tuo lavoro?

B. *Accoppiare i sinonimi sottoelencati e scrivere una frase in italiano per ogni parola nella prima colonna.*

A	**B**
1. armistizio	a. veterano
2. avvenire	b. battaglia
3. fama	c. evento
4. pudore	d. pace
5. reduce	e. modestia
6. vicenda	f. futuro
7. esigenza	g. rinomanza
8. lotta	h. necessità

C. *Nel contesto della vita studentesca comporre delle frasi usando almeno cinque verbi ed espressioni qui sotto indicati.*

cercare di	dare un esame
riuscire a	laurearsi
frequentare	discutere
seguire (un corso)	specializzarsi in
iscriversi	

Temi per componimento

1. Scrivi una lettera ad un amico o un'amica in Italia in cui descrivi la tua vita da studente universitario.
2. Identificare alcuni motivi per cui il fascismo è sorto in Italia dopo la prima guerra mondiale.
3. Prezzolini descrive gli studenti universitari dal punto di vista dei professori. Comporre una descrizione dei professori dal punto di vista degli studenti.

Temi per dibattito

1. Lo scopo principale dell'educazione universitaria è quello di assicurarsi un lavoro.
2. È importante che gli studenti universitari si occupino di politica.

Grazia Deledda
BATTESIMI

Grazia Deledda
[1871–1936]

Grazia Deledda, recipient of the Nobel Prize for literature in 1926, was a prolific writer whose works included poetry, plays, critical essays, and novels. Most of her more than 250 short stories and prose pieces first appeared in newspapers and were later published as collected works, including *Racconti sardi* (1894), *La casa del poeta* (1930), and *Il cedro del Libano* (1939). Though Deledda's short fiction was published in a variety of newspapers and journals, this Sardinian author contributed her short-story **elzeviri** primarily to the *Corriere della Sera.* She began contributing to the Milanese newspaper prior to World War I and continued to submit short stories monthly until her death in 1936.

Deledda's short fiction encompasses a broad range of subjects and representation, and illustrates a notable dimension of the distinct voice women writers achieved on the **terza pagina.** In settings as diverse as Rome, Cervia, and small Sardinian towns, her stories are populated by characters from various social classes. Soldiers, clerks, maids, business people, artists, the rich, and poor **contadini** serve as the subjects of her tragic, philosophical, and comic narratives. Deledda creates a faithful picture of the social texture of Italy, describing the prevalent customs, beliefs, and attitudes, and also conveys her characters' special experiences of day-to-day living by portraying their subconscious world of emotions, dreams, and memories. Much of Deledda's short fiction focuses on women and the significance of social institutions and traditions in their lives. In the 1920's, when **«Battesimi»** was written, the Fascist government reaffirmed pre-existing patriarchal norms in Italian culture and life. Women's personal and social responsibilities were, for the most part, restricted to safeguarding the institution of the family by bearing children and imparting ethical principles that served the State. In **«Battesimi»,** whose title links marital initiation with the religious rite signaling one's entrance into the Christian community, Deledda portrays the experience of constraint and repression in a patriarchal system that foremost prizes order, conformity, and material concerns, offering few possibilities for self-expression.

Preparazione alla lettura

A. *Vostra figlia, sposata da tre settimane, si presenta una sera a casa vostra tutta agitata, dicendo che suo marito la tratta male e perciò ha deciso di lasciarlo e di tornare ad abitare con voi. Con alcuni studenti nel ruolo della madre, altri nel ruolo del padre, rispondete a vostra figlia. (Padre e madre possono anche discutere fra di loro.) Se possibile, la classe dovrebbe portare la scena ad una risoluzione.*

Parole utili
amare
andare d'accordo
arrabbiarsi
litigare
mettersi d'accordo
obbedire
odiare
riconciliarsi

B. *Leggere le seguenti frasi e dare un sinonimo o una descrizione in italiano delle parole sottolineate secondo il contesto.*

ESEMPIO Dopo una lunga siccità invernale era tornata una classica notte di pioggia.
periodo senza pioggia

1. La moglie pregava, ringraziando Dio della sua bontà.
2. La vita è come la barba, che se tu non te la radi, t'invade il viso.
3. Il silenzio del marito, e il suo esitare impensierirono la donna. Qualche ombra le passò nella mente.
4. La moglie, che stava sdraiata sul letto, si sollevò a sedere.
5. La donna sentì un grido dalla strada; si precipitò per le scale e fu nell'ingresso.
6. La figlia era già ben coperta dal suo scialle di obbedienza al destino.
7. Quando il padre e la figlia furono nella casa degli sposi, questi si riconciliarono, un po' per amore, molto perchè sentirono il dominio che li teneva.

C. *Accoppiare i seguenti aggettivi e nomi.*

ESEMPIO felice
     felicità

1. crudele	**a.** obbedienza
2. sereno	**b.** silenzio
3. dominante	**c.** pericolo
4. viziato	**d.** crudeltà
5. forte	**e.** agitazione
6. obbediente	**f.** tragedia
7. pericoloso	**g.** vizio
8. agitato	**h.** forza
9. silenzioso	**i.** dominio
10. tragico	**j.** serenità

D. *Fornire l'infinito dei seguenti verbi e poi la forma appropriata del passato prossimo indicata dalla forma verbale originale.*

ESEMPIO tremò
     tremare
     ha tremato

1. coprì	**5.** cercaste
2. furono	**6.** attraversammo
3. riapparve	**7.** rispose
4. viaggiarono	**8.** si riconciliarono

E. *Nel senso figurativo il battesimo è una cerimonia che inaugura una nuova fase nella vita. Considerando il matrimonio come un tipo di battesimo, identificare un modo in cui la vita di una donna potrebbe cambiare dopo il matrimonio nel quadro di un sistema patriarcale tradizionale, secondo il quale l'uomo rappresenta la figura di autorità famigliare.*

F. *Leggere il seguente racconto prendendo appunti sui rapporti tra donna e uomo illustrati dalle seguenti relazioni:*

Mariù e suo marito
Mariù e sua figlia

il padre e sua figlia
la figlia e suo marito

Battesimi

*D*io volendo, dopo una lunga siccità° invernale che pietrificava la terra e le piante, era tornata una classica notte di vento, di pioggia potente, di lampi e di tuoni. La casa tremava tutta, ma pareva per gioia, per accompagnare lo sfregamento° di mani del proprietario, per rispondere al fremito° fuori dei campi che si ubbriacavano d'acqua.

 —Finalmente, eh, Mariù. Che già dormi, con questa musica?

 La moglie era a letto da un pezzo, e se ne stava rannicchiata° dalla sua parte, tremante e felice anche lei, ma con un senso di paura in fondo all'anima. Pregava, e solo quando il marito, mezzo nudo, con le coscie e le gambe rossastre chiazzate° di ricciolini neri, i grandi piedi gelati, fece scricchiolare° col suo corpo pesante la stoppia del saccone,° aprì gli occhi e le parve, per il riflesso della finestra illuminata dai lampi, che fiammeggiassero anch'essi. Poi si ricoprì, e la voce del marito le arrivò di lontano, quasi echeggiante sotto le coltri° di piuma. Era una voce cattiva, anzi beatamente crudele.

 —Penso, Mariù, a quelli che si trovano sperduti nei campi, senza riparo, o viaggiano senza ombrello. Eh, chi poteva pensare, oggi, con quel cielo sereno, che sarebbe venuta la bufera?° Meno male[1] che il pericolo della grandine oramai è passato. Piove che Dio la manda. Era tempo.

 La moglie pregava, ringraziando Dio della sua bontà. L'uomo rise, come in sogno.

 —Eh, sì, c'è della gente che viaggia, con questo tempaccio. E noi siamo qui al riparo,° nel nostro buon letto, con tutte le cose intorno in ordine, le bestie ben governate, il campo che si ristora. Non possiamo lamentarci. Mio padre diceva: «Quando la va male la vada sempre così».[2]

 —Così sia,°— rispose sottovoce la donna.

 —Anche per la nostra piccola° sono contento. Che si poteva desiderare di più? Un buon matrimonio, con un

---

[1] **Meno male**   espressione idiomatica, *It's a good thing …*

[2] **«Quando la va male la vada sempre così»**   detto italiano equivalente a *When it rains it pours*

---

periodo senza pioggia

rubbing
quiver

curled up

macchiate
creak
stoppia...   *mattress filling*

coperte

tempesta

al...   *sheltered*

Così... *So be it*
figlia

galantuomo ricco e gagliardo;° e sopra tutto vivere a una **energico**
certa distanza. Quando si è troppo vicini non mancano
gli attriti,° i dissapori,° i malintesi:° così, loro due vivono **controversie/**_disagree-_
lì, a otto chilometri di distanza, e noi viviamo qui: ci si _ments/misunderstand-_
vede tutte le feste, e sono veramente feste per tutti. Lo _ings_
so, tu avresti desiderato tenerti la piccola attaccata alle
gonne vita natural durante;° e con essa anche lo sposo: **vita...** _for all your life_
ma voi donne vedete tutto facile, tutto semplice, mentre
la vita è una cosa difficile.

    —La vita,— rincalzò° con voce grossa, sebbene la **sostenne**
moglie non fiatasse,° —è come tutte le altre cose; come **parlasse**
le bestie, come le piante, come le erbe: bisogna tenerla a
freno,° potarla,° falciarla:° o, se ti pare meglio, è come la **tenerla...** _keep it in_
barba, che se tu non te la radi ogni otto giorni, con fastidio _check/trim it/mow it_
e pericolo di tagliarti, t'invade il viso e ti fa scacciare° dal **mandare via**
consorzio degli uomini civili.

* * *

    La moglie non risponde. Da tanti anni è abituata
alla rude filosofia che il marito usa mettere in pratica
quotidianamente. E pensa piuttosto alla «piccola» che
per lei non solamente è ancora piccola, ma è addirittura
bambina, nata da pochi giorni, ancora muta, cieca, informe,
eppure già bella, sensibile, vibrante di vita.

    Le pare sia il giorno del battesimo: la comare° tiene _godmother_
tra le braccia la neonata, vestita di rosa, e il prete
pronunzia le parole solenni.

    —Credo. Rinunzio.

    —Credo. Rinunzio,— rispondono in coro gli astanti.° **persone presenti**

    Solo lei, la piccolina, non risponde; anzi, agita i pugni
con una forza che fa sorridere la madre, e smorfie° di _grimaces_
protesta, di noia, di disgusto le smuovono il visino come
se un sogno tempestoso le agiti l'anima ancora addor-
mentata.

    Ma il padre sorveglia° tanto la madre quanto la figlia, **tiene sotto controllo**
e nel quadro gaio e dorato del battesimo la sua figura
grezza,° dominante, con gli occhi neri, la barba nera, le **non raffinata**
sopracciglia che sembrano baffi, è ancora più significativa
di quella del sacerdote.° **prete**

* * *

    Lo stesso cipiglio° riapparve sul viso di lui, solle- _frown_
vatosi° sulle coltri, quando tra il fragore° della bufera si **alzatosi/rumore**
sentì picchiare alla porta. **violento**

    La moglie, che già si era assopita,° non si dava pena:° **si...** _had become_
chi sarà? chi non sarà? Forse un vicino che ha urgente _drowsy/_**si...** **si preoc-**
cupava

bisogno di qualche cosa; forse uno dei problematici disgraziati viandanti° senza rifugio, dei quali parlava poco prima il marito. Penserà lui, il marito, a rispondere.

Egli infatti, insolitamente silenzioso, si era già buttato dal letto, aveva acceso il lume e si vestiva: e non lo faceva con troppa fretta, quasi anzi con ostentata lentezza, come per darsi il tempo di preparare una risposta al visitatore importuno. Ma il cuore gli batteva forte, riecheggiando i colpi alla porta, e le dita gli tremavano nel cercare i bottoni del vestito. Questo suo silenzio, questo suo esitare impensierirono la donna. Qualche ombra le passò nella mente e anche il suo cuore si destò° quasi mugolando.° La sua testa d'oro e d'argento affiorò sui guanciali° e le coltri, come uscendo da un'onda schiumosa: gli occhi grandi e azzurri di bambina spaventata cercarono invano quelli del marito.

Egli già lasciava la camera, portandosi via il lume.

—Signore, Signore,— invocò la donna, e stette ad ascoltare, nel caos della bufera, del letto scoperto, dell'agitazione del suo cuore.

* * *

L'uomo, giù, doveva aver aperto la porta perchè non si sentiva più bussare; e doveva adesso parlamentare° nell'ingresso col visitatore importuno, perchè non tornava su.

La moglie si sollevò a sedere, tendendo meglio le orecchie;° ma solo il rumore della tempesta gliele feriva: e le pareva che la pioggia fredda e moribonda° le penetrasse fino al cuore.

E non osava° muoversi oltre, con un senso di terrore panico. Ma un grido salì dalla strada, fece tremare la camera e la illuminò col boato° e la luce della folgore.°

—Mamma!

La donna si precipitò dal letto, si precipitò per le scale, fu nell'ingresso. In camicia, scarmigliata,° pareva fuggisse da un incendio. Il marito stava sulla porta appena dischiusa,° lapidato° dalla pioggia, e parlava con la persona alla quale impediva di entrare. Appena si accorse che la moglie era alle sue spalle si volse di scatto,° livido, col viso bagnato come di un sudore di lotta, e aprì alquanto di più la porta, ma sbarrandola con la stanga° delle braccia nerborute:° ed ella vide la figura che già le stava nelle pupille smarrite.°

La figlia era lì, pallida e grondante d'acqua come un'annegata,° e invano domandava di entrare.

---

viaggiatori

si... si svegliò
whining
cuscini

hold a parley

tendendo... *straining to hear*
morente

aveva il coraggio di

rombo/fulmine

disheveled

aperta/*pelted*

di... bruscamente

barrier
muscolose
confused

drowned person

—Mamma, mamma...

—Figlia mia, che hai fatto?

Entrambe tentarono di smuovere l'uomo, per ricongiungersi;° ma egli non si smoveva, anzi adesso aveva ripreso la sua aria di beffa crudele e pareva prendesse gusto alla lotta.

riunirsi

—Mamma, mamma! Sono fuggita di casa, perchè lui mi ha parlato male. Non voglio più stare con lui. Voglio tornare a casa. Sono fuggita, a piedi, così, così...

La madre appoggiò la testa sul collo dell'uomo, come volesse morderlo;° invece piangeva.

bite him

—Basta,— egli disse allora, —la scena ha da finire: io e questa signorina andiamo a casa sua in bicicletta.

—Lasciala almeno entrare ad asciugarsi.

—Nulla! Altrimenti prende il vizio di queste passeggiatine, e non si sa dove si va a finire. Su, porta qui le biciclette e il mio cappotto. Oh, a chi dico? Mica tante smorfie: vedi che accendono la luce nelle case accanto.

—Mamma, mamma,— mugolò la figlia, raggomitolandosi° sulla soglia, —fammi entrare, per l'amore di Cristo. Io non torno indietro, no; io muoio, io mi uccido.

curling up

—Porta qui le biciclette, perdiosanto, o stanotte le buscate bene° tutte e due. Non mi far staccare le mani dalla porta.

le... *you'll get a beating*

Le due voci risonavano assieme, come in un duetto tragicomico, accompagnato dal coro della bufera.

—Mamma, per amore di Cristo...

La donna si passò una mano sul viso, come strappandosi un velo; ancora una volta rivedeva la sua piccola bambina vestita di rosa dal fulgore di un lampo, aspersa° dal lavacro° del battesimo.

bagnata
bagno

—Credo. Rinunzio.

E andò a prendere una dopo l'altra le biciclette e il cappotto del marito. Portò anche uno scialle, per la piccola; ma fu rifiutato. La piccola era già ben coperta dal suo scialle di pioggia e di obbedienza al destino.

* * *

E con l'allontanarsi delle biciclette la furia della pioggia e del vento si placò: la tempesta parve fare ala,° come un popolo in tumulto che si calma al passaggio di un viatico,° a quei due che l'attraversavano con la forza del loro dolore.

fare... separarsi

viaticum

Poichè anche l'uomo si sentiva, in fondo, pieno di angoscia: l'angoscia della volontà che si sovrappone° ad ogni istinto di ripiegamento e di riposo.

si... *superimposes* (lit.)
to put over

Ma quando furono nella casa degli sposi, e questi si riconciliarono, un po' per amore, molto perchè sentirono il dominio inesorabile che oramai li teneva, egli, senza volerlo, senza neppure saperlo, si sentì vicino ai grandi primi uomini che con la violenza avevano creato le leggi per i loro simili.°

fellow human beings

Grazia Deledda
tratto da *Corriere della Sera*
6 aprile 1928

Esercizi

Domande

1. Dare un breve riassunto, non più di cinque frasi, della trama del racconto.
2. Descrivere l'atmosfera che Deledda crea nei primi paragrafi del racconto.
3. Nelle tue parole, quali aggettivi descrivono il carattere di Mariù?
4. Secondo l'uomo, quali differenze esistono tra gli uomini e le donne?
5. Descrivere la visione che Mariù ha di sua figlia.
6. Descrivi nelle tue parole la scena tra Mariù, suo marito, e la loro figlia quando stanno alla porta.
7. Qual è lo stato fisico ed emotivo della figlia?
8. Qual è la differenza tra l'angoscia che prova l'uomo e quella delle due donne?
9. Quali sono almeno due ragioni per cui si riconciliano gli sposi?

Conversazione

1. Che cosa riflettono dell'uomo le idee che ha riguardanti il matrimonio di sua figlia?
2. Discutere i diversi significati del titolo del racconto.
3. Usando esempi dal testo, descrivere il destino della donna e dell'uomo in un sistema patriarcale.
4. Comporre due domande sulla vita femminile in Italia da fare agli studenti che sono stati in Italia o all'insegnante.

Esercizi di grammatica e di lessico

A. *Scrivere una frase al presente indicativo per ciascun verbo. La frase dovrebbe indicare il significato del verbo. Alternare i soggetti.*

ESEMPIO ubbriacarsi
> *Quando una persona beve troppo vino si ubbriaca.*

1. impedire
2. lamentarsi
3. rinunciare
4. osare
5. annegare
6. riconciliarsi

B. *Riscrivere le frasi composte nell'Esercizio **A** mettendo i verbi al passato prossimo.*

C. *Accoppiare i contrari sottoelencati.*

> **ESEMPIO** felice
> *triste*

A	**B**
1. rumore	**a.** debole
2. litigare	**b.** malintendere
3. forte	**c.** asciugare
4. capire	**d.** ribelle
5. calmo	**e.** silenzio
6. bagnare	**f.** andare d'accordo
7. obbediente	**g.** turbato

D. *Usando almeno otto delle parole ed espressioni sottoelencate, componi una descrizione di una persona che conosci.*

andare in bicicletta	parlare di
avere bisogno di	ridere
essere abituato a	vestirsi
essere contento di	viaggiare
dovere	volere
lamentarsi di	

Temi per componimento

1. Spiegare il significato del titolo del racconto.

2. Comporre un dialogo tra Mariù e suo marito, in cui rivelano i loro sentimenti.

3. Descrivere un incontro tra due persone usando il tempo (*the weather*) per indicare i sentimenti dei personaggi.

4. Assumere il ruolo della figlia di Mariù e suo marito, e scrivere una lettera a Annabella (una che dà consigli riguardanti la vita personale e professionale) spiegandole i problemi famigliari.

Giuseppe Antonio Borgese
LA SIRACUSANA

Giuseppe Antonio Borgese
[1882–1952]

G. A. Borgese was a novelist, short-story writer, poet, literary critic, and the author of travel books, as well as social and political commentaries. However, the depth of this Sicilian author's literary and analytical creativity is best illustrated by the numerous articles and short stories that he contributed to *Il Mattino, La Stampa*, and the *Corriere della Sera* during a period of collaboration spanning more than twenty-five years. Borgese regularly contributed selections that examined political, cultural, and literary issues. The **elzeviro «Imbarco per l'America»,** published on July 15, 1931, marked the beginning of the writer's self-imposed exile from Fascist-governed Italy, whose political regime he outspokenly opposed. In *Goliath, The March of Fascism* (1937), Borgese gives a critical account of the rise of Fascism and the movement's far-reaching implications for life in Italian society and culture. Borgese's sojourn in the United States supplied the materials for numerous articles on sociocultural issues in America, published on the *Corriere della Sera*'s **terza pagina.** The short-story **elzeviri** written by Borgese upon his return to Italy show a continued interest in the portrayal of the psychological, emotional, and moral conflicts of contemporary life. However, during his final years of collaboration Borgese primarily contributed essays and articles.

The selection **«La Siracusana»** demonstrates Borgese's powerful storytelling expertise. A telling vision of daily life in a Sicilian town emerges from the author's attention to regional detail describing the physical and cultural setting, and from his suggestive use of imagery and physical space, which evokes the character's emotional state and profound isolation. Despite the story's nonchronological narrative and spontaneous quality, Borgese creates a tight structure. For example, notice how Borgese focuses his attention on the visual imagery of the balcony to suggest the restricted physical and mental space in which the Siracusana lives.

You should also notice that the vocabulary used in this story is marked by some words that are archaic in form or uncommon in contemporary Italian usage.

Preparazione alla lettura

A. *In questo racconto l'autore adopera spesso un linguaggio figurato per descrivere i personaggi. Usando l'immaginazione, formare delle similitudini che descrivano gli aspetti fisici di una persona.*

ESEMPIO occhi/neri, grigi

Aveva degli occhi neri come il carbone.

Aveva degli occhi grigi come cenere su un nascosto fuoco.

1. capelli/neri
2. labbra/rosse
3. faccia/pallida
4. mani/bianche
5. voce/forte
6. braccia/lunghe

B. *Adoperando le seguenti parole, descrivi un paese o un villaggio italiano come immagini che sia.*

stradetta	casa	largo
piazza	balcone	stretto
chiesa	mare	deserto
campanella		affollato
mercato		alto
statua		basso

C. *Organizzare le seguenti frasi nell'ordine cronologico indicato dai tempi verbali e dal contenuto. Cominciare con la nascita del narratore.*

1. La Siracusana vide suo marito carezzare la serva; non aveva niente nella vita e decise di morire.
2. L'ultima volta che vidi la Siracusana avevo tredici anni. Era morta sulla via.
3. Io nacqui vicino a Megàra. Quando ero bambino, mio padre si stabilì a Megàra.
4. Quando ero ancora ragazzo, la zia Clementina, chiamata la Siracusana, venne a Megàra per sposarsi con Nicola Landisi.

D. *Leggere il racconto prendendo appunti sui seguenti aspetti: la descrizione del paese e della gente che ci abita; il concetto di onore; lo stato d'animo della Siracusana.*

La Siracusana

A Megàra ci sono ancora i garofani° sui balconi, e le donne portano gonne lunghe; sicchè se si scopre una caviglia, voi vedete letteralmente i giovani tremare. Ma questo accade° di raro, perchè vanno caute e sorvegliate; e si sorvegliano da sè; e, se piove, preferiscono rincasare con l'orlo° della gonna schizzato di pillacchere° che con le calze morse da sguardi caldi come baci. Poi, se ne vede poche per le strade; tranne° le servette, e quelle, proprio di basso popolo, che vanno—ancora—con l'anfora° sulla testa alla fontana.

Sì, esiste ancora questo; esistono le stradette erte° e acciottolate,° dalla Marina al Castello, così anguste° che le donne vi sarebbero pigiate,° sopraffatte dalla calca° dei «màscoli» (e perciò restano a casa), così ripide° che quelli che salgono da una parte sembrano profittare del peso di quegli altri che scendono dall'altra, come fanno i due convogli di una funicolare.° E sempre folla, come fosse sempre giorno di mercato; folla scura, vestita di scuro anche nel mese del solleone°—ma le strade sono strette, e le case alte, con le facciate spesso strapiombanti° e puntellate,° e non danno adito° al sole. I passi sono lenti eppure risoluti; suonano sulle selci;° qua e là un gruppo di gente si raggruma,° come le mosche su un orlo,° rallentando ancora il transito; le voci sono concitate° o misteriose; i saluti, da una parte all'altra della strada, sono forti come sfide.°

Io ricordo il rimbombo dei portoni, all'aprirsi e al chiudersi; ricordo le campanelle delle capre, che vengon giù la mattina, con le poppe° gonfie che le imbrogliano, strusciando° le corna alle ginocchia dei passanti. Ho nell'orecchio perfino l'esplosione dello zolfanello° di Mastro Angelo che, rincasando tardi, dirimpetto° a noi, accende l'ultimo toscano.°

Verso sera, a metà della Strada Lunga, l'odore guasto della pescagione° letica[1] col profumo di fior d'arancio, magro, acidulo° quasi come quello del mughetto;° il fiato del mare si tronca nel pulviscolo° sciroccale[2] che arriva

carnations	
succede	
hem/**schizzato...** *splashed with mud*	
eccetto	
amphora jug	
steep	
cobblestoned/**strette**	
crushed/**moltitudine**	
erte	
convogli... *cars of a cable-railway*	
dog days	
leaning	
shored up/*access*	
cobblestones	
si... *clusters*/*rim (of a glass)*	
agitate	
challenges	
teats	
rubbing	
fiammifero	
opposite	
un tipo di sigaro	
catch (of fish)	
acido/*lily of the valley*	
polvere	

[1] **letica** da **leticare,** forma arcaica di **litigare,** *quarrels*

[2] **sciroccale** aggettivo da **scirocco,** il vento caldo che spira da sud-est

dalle Terre Rosse—rosse proprio, come un vello° di
leone—dove le vigne danno un vino che è fuoco.

Allora le popolane s'affacciano alle porte dei «bassi»,°
al livello della strada; aprono gli occhi, come se si
svegliassero. Sollevano le palpebre, come saracinesche,[3]
sugli occhi, dolenti e indolenti, pieni di oscurità e di
vampa° gialla, di sogni indecifrabili come quelli degli
animali; se qualcuno le richiama di dentro, rispondono,
piegando il collo, con una voce che sa di nenia.° Più su
si schiudono i balconi; compaiono le signore; si salutano
e confabulano,° monotone, incessanti, da un balcone
all'altro. Ma, se s'appoggiano coi gomiti alla ringhiera,°
tengono indietro la persona; se si mettono a sedere, prima
d'ogni cosa si rassettano° la veste sugli stivaletti, per
timore di quelli che, passando per la strada, alzino gli
occhi. Sopra tutto devono badarci° quelle che stanno ai
balconi barocchi, con le ringhiere rigonfie:° non accade
mai che una, distratta, ponga un piede sui ferri.

Le donne di Megàra vivono a quell'ora, fra il tramonto
e la sera, come i convolvoli° che sbocciano al crepuscolo.°

Poi è notte. Ninne-nanne° nei «bassi»; o litigi; ma la
voce della donna è repressa presto; e, un poco dopo,
anche l'uomo tace. Dalle case dei signori non si ode nulla;
perchè hanno mura grosse come i reclusori.°

Io sono nato da quelle parti; non propriamente a
Megàra: più su, in un borgo a tre miglia dal Castello. I
miei erano di Siracusa; ma mio padre ne era uscito, e
dopo un po' di tempo si stabilì a Megàra quando io ero
ancora bambino.

Per quanti anni non ci avevo più rimesso piede! Ma
poi Galliani ci volle andare per certi suoi studi sul
Quattrocento° siciliano; e a me venne il capriccio° di
accompagnarlo. Invece, giunto lì, s'innamorò del Seicento;°
dei monasteri formidabili come casematte;° delle chiese
grondanti di° musica e d'oro, dove le statue dei santi pare
che spicchino il volo.°

Non so come fosse; senza sapere dove andassi, quasi
contro voglia, scantonai,° col mio amico a fianco, dalla
Strada Lunga verso una via laterale, deserta, larga, ma
dopo cento passi preclusa dai giardini in discesa. Era una
giornata di giugno che non voleva morire. In fondo, in
basso, un orlo cupo° di mare.

Qui ritrovai i miei passi di fanciullo, lungo l'alto
muro misterioso di un orto; innanzi a me una strana

coat

case dei poveri
(hovels)

calore

sa... *has the air of a
dirge*
chiacchierano
railing

aggiustano

fare attenzione
swollen

*morning glories/twi-
light*
Lullabies

prigioni

15th century/whim
17th century
bunkers
dripping with
spicchino... *taking
flight*
I turned

scuro

---

[3] **saracinesche** *rolling shutters (used to close up shop entrances)*

facciata, fra il giallo e l'arancione, con un unico balcone dalla ringhiera di ferro nero esageratamente rigonfia come se avesse palpitato per secoli al suono di segrete serenate.

—Questo—dissi con un tremito—è il balcone della zia Clementina; il balcone della Siracusana.

E m'appoggiai sull'amico.

* * *

Per molto tempo, finchè io posso ricordare, fu chiamato il balcone della Siracusana.

Essa, la sorella di mio padre, era per tutti «la Siracusana», come se venisse da chi sa quali lontananze; mentre dalla sua città si giungeva a Megàra in tre ore di mare. Vi giunse° per sposare il socio° di mio padre, Nicola Laudisi. **arrivò**/*partner*

Questo era un uomo corpulento, enorme, con le braccia tonde come clave,° che doveva tenere staccate dal busto, coi polsi lustri e carnosi come quelli di un neonato gigantesco. Quando faceva la siesta teneva le mani sul ventre.° Io lo vidi un paio di volte così; e mi fece paura. Somigliava all'Orco.[4] Era anche altissimo di statura, e pareva che ci volesse uno sgabello° per toccargli la faccia. I baffi, già grigi, si distinguevano poco dalla faccia, grassa e stanca. Aveva un respiro asmatico, da mantice.° *bludgeons* / **stomaco** / *stool* / **da...** *bellow-like*

Siccome era ricco voleva figli, per lasciare la roba; per questo cercò moglie. Per questo gli portarono la zia Clementina.

Essa giunse a Megàra, non più giovanissima; ma non era ancora vicina ai trent'anni. Veniva da una casa di orfani; ed era silenziosa.

Io l'amai certamente, prima di sapere che cosa fosse l'amore. Trovavo il modo di essere quasi ogni giorno, lì davanti al balcone della Siracusana, all'ora in cui essa lo apriva, apparendo come una regina. Ma non c'era folla nella via a cui si mostrasse; non c'ero che io. Non c'erano nemmeno altri balconi, accanto o di fronte al suo, con altre donne a cui parlare, come facevano tutte le signore di Megàra a quell'ora. Essa non vedeva che giardini, e un orlo di mare.

Non ebbe figlioli. Sentii sussurrare° di non so che malattia. Spesso soffriva di emicranie,° e allora diveniva pallida come una sonnambula.° *whisper* / *migraines* / *sleepwalker*

---

[4] **Orco**   nella mitologia romana, una divinità dell'oltretomba; un essere mostruoso

Si capisce che a me non badasse. Io per farmi notare, mi arrampicavo sul muro liscio° dell'orto; davo spettacolo della mia bravura. Qualche volta, temendo che mi facessi male, essa mi chiamava: «Alberto!»; la sua voce mi faceva male. Allora scendevo; m'accostavo alla sua casa. La zia Clementina si ritraeva dalla ringhiera, rassettandosi la veste sugli stivaletti. *(smooth)*

Non credo d'avere visto mai più una donna così bella. Non si vedeva nulla di lei tranne il viso. Le donne d'allora non erano come quelle d'ora, che somigliano a frutta ignude, fra il fogliame.° Andavano celate in un dedalo° di pizzi° e di ricami,° con sottane bianche inamidate,° simili alla carta rigida e ornata che a quei tempi usava intorno ai bouquets di fiori, e sulle sottane una gran gonna a fiorami, a volanti,° a falbalà,° maestosa come una pagoda, e al petto il busto,° armato, inespugnabile.° *(foliage)* *(maze/lace/embroidery)* *(starched)* *(flounce/ruffle)* *(corset/**inconquistabile**)*

Ma dalle dita, dai polsi, si capiva che era magra e pieghevole,° d'un bruno ambrato. Non portava altro odore che quello di spigo° della biancheria, e quello dell'olio di Macassar con cui curava i suoi capelli neri. *(supple)* *(lavender)*

E il viso era impareggiabile: col naso diritto, con le labbra pure, con gli occhi non saprei più dire se di un pacato azzurro o di un grigio come cenere su un nascosto fuoco.

Al primo fiato della sera si chiudeva il balcone. L'ombra della notte era trasparente, come un involucro° dove trepidasse già la luce dell'alba. Qualche volta, nelle notti estive, si apriva un fiore bianco di cactus; e il profumo delirante ne traboccava come un umore. *(covering)*

Ma, quando tornai a Megàra e ritrovai i miei passi lungo il muro dell'orto, non c'erano più cespi di garofani nè spini di cactus al balcone della zia Clementina. I ferri a cui altra volta stavano infissi i vasi da fiori erano storti come vecchi pugnali,° rossi di una ruggine° che pareva antico sangue. *(daggers/rust)*

* * *

Io la vidi l'ultima volta una mattina di domenica, all'ora della messa cantata. Essa giaceva,° morta, sulla via; coperta fino ai piedi dal bel vestito di raso° bianco a grappoli° di fiori rosa. Non si udivano più le campanelle delle capre dalla Strada Lunga; e si udiva—e non finiva più—la campanella della messa. *(was lying)* *(satin)* *(bunches)*

Fui il primo che la vidi così. Tutte le domeniche mattina mi mettevo davanti al suo portone, per vederla uscire. Quando usciva per la messa—e non era facile

vederla altra volta per strada nella settimana—pareva
che un baldacchino° le stesse, invisibile, sul capo.

    Io cercai la mia voce in fondo al mio petto; e gridai.
Allora scese suo marito, e dietro a lui la serva, Zulicchia;
subito dopo accorse, non so come, dall'altra strada mia
madre. Stavamo in piedi accanto alla morta. S'era buttata
a capofitto° dal balcone.

    Più tardi, molto più tardi—quando Nicola Laudisi
morì d'aneurisma—seppi qualche cosa. Il giorno prima la
zia Clementina, aperto un uscio,° vide il marito che
carezzava la serva. Zulicchia non vuol dire che Vincenzina;
ma io, che avevo tredici anni e leggevo Byron[5] tradotto,
la chiamavo fra me Zuleika.[6] Era bella anche lei, e
somigliava stranamente alla padrona; tranne che il naso,
troppo fino e tagliente,° le dava un aspetto cattivo. Non
posso dimenticarmela quando, accanto alla fontana, po-
neva a terra l'anfora, e si rialzava; il panno arrotolato
intorno alla fronte, per reggere° il peso, metteva sul bel
viso di schiava una specie di corona turrita.°

    Mi pare di vederlo, nella stanza in penombra,° Nicola
Laudisi, grande, enorme, respirando forte ma senza chi-
narsi° o scomporsi,° carezzare i capelli della serva come
si carezza la testa di un cane.

    Così lo vide la moglie; e, poichè non aveva nulla nella
vita—nemmeno vicine° con cui confabulare dal balcone
verso sera—decise di morire. Non si confidò con nessuno;
non scrisse nulla (sapeva scrivere appena°).

    La mattina di domenica si vestì per la messa; e
aperse il balcone. Siccome la ringhiera era rigonfia e
poteva imbarazzarla nel salire, o anche perchè temeva,
dall'altezza non eccessiva, di storpiarsi° senza morire,
vide che non aveva altro modo che di lasciarsi andare a
testa giù. Ma, prima, volle congiungere i due orli della
gonna, per salvare l'onore.

    Ancora non c'erano gli spilli di sicurezza.° Essa
scelse uno spillo lunghetto, scuro, di quelli che hanno la
capocchia° tonda del colore di uva nera. Bucò dalle due
parti la gonna, e piegò lo spillo per chiuderlo. Ma si punse°
forte a un dito; e gridò.

    Zulicchia apparve sull'uscio: —Voscenza («Vostra
Eccellenza»), che ha fatto?

Glosses (right margin):

- *altar canopy*
- **a...** *head first*
- **porta**
- *sharp*
- *support*
- *turreted*
- *dim light*
- *bend over/***agitarsi**
- *neighbors*
- *barely*
- *be maimed*
- **spilli...** *safety pins*
- *head*
- **si...** *pricked herself*

---

[5] **Byron** George Gordon, Lord Byron (1788–1924),. poeta inglese;
passò gli ultimi anni della vita in Italia

[6] **Zuleika** l'eroina di un poema di Byron, *The Bride of Abydos*

—Mi fici 'u sangu[7]—disse lei («mi sono punta a sangue»). —Nenti è («Non è nulla»). —E rimase sola.

A passetto a passetto°—perchè la gonna chiusa l'intralciava—arrivò alla ringhiera. Si sporse;° fece forza sui gomiti; riuscì a fatica° a spenzolarsi;° e cadde. La strada era deserta.

A... *With very short steps*
Si... *leaned over the edge*
a... con difficoltà/*lean out*

Lo spillo non si mosse. La gonna fiorata le scopriva appena le caviglie. Mia madre si chinò a rassettarla.

* * *

Mia madre disse:

—Doveva andare a messa, e se n'è andata dal Signore.

Allora cominciarono i pianti e gli urli. Nicola Laudisi tentennava° come se stesse per crollare; Zulicchia e mia madre, che gli arrivavano alle spalle, lo sorreggevano° ai lati.

was staggering

sostenevano

—Inginocchiati, Alberto,—mi disse mia madre.

Io m'inginocchiai accanto alla testa della zia Clementina. Non avevo mai pensato di doverle stare così vicino.

Sul polpastrello dell'indice° le era rimasta una goccia di sangue scuro. Un filo di sangue più chiaro le colava° ora dal cranio verso un sopracciglio. Io trassi il fazzoletto di bucato° che la mamma m'aveva messo in tasca, e le asciugai la fronte.

polpastrello... *ball of the index finger*
usciva

di... *freshly laundered*

Poi cominciò a venir gente.

G. A. Borgese
tratto da *Corriere della Sera*
22 gennaio 1926

---

[7] **Mi fici 'u sangu** dialetto siciliano per «Mi feci il sangue»

Esercizi

Domande

1. Dare una breve descrizione di Megàra.
2. Perchè le signore si tengono indietro quando si appoggiano alle ringhiere dei balconi?
3. Perchè il narratore torna a Megàra dopo tanti anni?
4. Descrivere il marito della Siracusana come lo ricorda il narratore.
5. Perchè si sono sposati Nicola Laudisi e la Siracusana?
6. Perchè la Siracusana decise di morire?
7. Descrivi, nelle tue parole, il modo in cui morì.
8. Com'era il rapporto tra il narratore e la Siracusana?

Conversazione

1. La prima frase del racconto contiene due immagini che appaiono ripetutamente: **il balcone** e **le gonne lunghe.** Discutere il significato di queste due immagini.
2. Perchè è significativo il fatto che la gente di Megàra aveva dato alla zia Clementina il soprannome «la Siracusana»?
3. Paragonare i rumori e gli odori di Megàra con quelli che tu senti in una giornata tipica.
4. Fare un contrasto fra la vita delle «popolane» e quella delle «signore».
5. Fornire una parola per completare la seguente frase e spiegare perchè hai scelto quella parola: «Le donne di ieri erano più _____ di quelle d'ora».
6. Comporre due domande da fare agli altri studenti chiedendo informazioni sulla loro città di nascita.

Esercizi di grammatica e di lessico

A. *Dare l'infinito dei seguenti verbi e scrivere una frase per ogni verbo usando il passato remoto.*

1. scese	5. seppi
2. aperse	6. volle
3. scelse	7. rimase
4. trassi	8. sentii

B. *Riscrivere le frasi composte nell'Esercizio* A *cambiando i verbi al passato prossimo.*

C. *Nel seguente brano sostituire l'infinito in parentesi o con l'imperfetto o con il passato prossimo come richiesto dal contesto.*

Io la _____ (vedere) l'ultima volta una domenica mentre lei, come ogni settimana, _____ (andare) in chiesa. Tutte le domeniche io _____ (mettersi) davanti alla sua casa per vederla uscire. Di solito, quando la _____ (vedere) lei _____ (parere) contenta, ma quel giorno la _____ (trovare) triste. La _____ (salutare), ma lei non mi _____ (dire) nulla. Invece, _____ (continuare) a camminare con la testa in giù, preoccupata, con la faccia pallida.

D. *Inserire nelle seguenti frasi la forma appropriata della preposizione.*

ESEMPIO di fronte a
  Di fronte a casa nostra c'è una scuola elementare.

davanti a   intorno a
in fondo   a fianco
verso   accanto a

1. Ogni giorno io camminavo a scuola col mio amico _____.
2. Seguivamo la strada che andava _____ il mare.
3. Io mi sono trovato, all'improvviso, _____ balcone della Siracusana.
4. Non c'erano altri balconi _____ quello della Siracusana.
5. La strada era lunga e erta; _____ c'era il mare.
6. _____ casa della Siciliana c'era un muro alto.

Temi per componimento

1. Discutere il significato del soprannome «la Siracusana».
2. Assumendo il ruolo della Siracusana, scrivi una lettera ad un'amica in cui descrivi la tua vita a Megàra.
3. Scrivi una nuova scena del racconto in cui descrivi una cena alla casa di Nicola Laudisi e la Siracusana. Nella scena puoi includere solo loro due, o puoi aggiungere anche la loro serva.
4. Descrivi i tuoi ricordi giovanili della tua città di nascita.

Ada Negri

CINEMATOGRAFO

Ada Negri
[1870–1944]

*A*da Negri began her writing career by publishing poetry in a variety of local and national publications. Her verses, spontaneous and impassioned, created a tragic vision of a working class that lived amid widespread social injustices. Echoing the restless spirit of the times, Negri's poetry received almost instant popular acclaim among an audience that called her the **figlia del popolo.**

Between 1926 and 1942, Negri contributed as many as two prose selections monthly to the *Corriere della Sera*, many of which later appeared in such collections as *Sorelle* (1929) and *Di giorno in giorno* (1932). The short stories that Negri wrote for the Milanese daily's **terza pagina** represent an important contribution to the Italian tradition of women writers and to twentieth-century literature. These stories describe female existence in its social, economic, physical, and psychological dimensions, reflecting the author's awareness of her position in society as woman and writer. Negri's portraits of women frequently expose, in an introspective manner, such qualities as creativity, assertiveness, and vitality, attributes which, according to Negri, have few avenues of female expression in society. As a consequence, her characters generally inhabit an intellectual and emotional wasteland, rarely achieving fulfillment. In «**Cinematografo**», Negri draws a compelling contrast between the stagnant landscape of the protagonist's daily life and the thrilling world of the movies, where she may vicariously experience physical and emotional adventures.

Note that, contrary to current usage, Negri elides the **e** of the plural article **le** before a word beginning with a vowel: **sull'anche, dell'onde.**

Preparazione alla lettura

A. *Descrivi la ragione principale per cui vai al cinema e il genere di film che preferisci.*

Parole utili
documentario
film drammatico
film comico
film di fantascienza
film in costume *(period film)*
giallo *(detective story)*
regista

B. *Qualche volta si può indovinare il significato di un vocabolo identificando la parte familiare. Riscrivere le frasi sottoelencate usando il verbo* **rendere** *e l'aggettivo appropriato. Seguire gli esempi.*

ESEMPI Il sole imbiondisce i capelli.
biondo
Il sole rende biondi i capelli.

Quella cornice imbellisce il quadro.
bello
Quella cornice rende più bello il quadro.

1. Quella pettinatura imbruttisce la sua faccia.
2. Le disgrazie invecchiano la gente.
3. La pasta non ingrassa nessuno.
4. Lo sciopero impoverisce gli operai.

C. *Dare la forma accorciativa* (shortened) *delle seguenti parole, fornendo anche l'articolo determinativo.*

ESEMPIO frigorifero
il frigo

1. cinematografo
2. bicicletta
3. fotografia
4. motocicletta
5. radiotelefonia
6. automobile

D. *Bigia, la protagonista del seguente racconto, ha una sola passione nella vita: il cinema. Mentre guarda i film, si identifica completamente con la protagonista entrando nel suo mondo. Leggere il seguente brano e scrivere in una frase una conclusione drammatica.*

*   *   *

Bigia esce dal cinema. Il momento drammatico del film romantico che ha visto si ripete nel suo cervello. Lei si chiama Ginevra: è bella e elegantissima, innamorata, disperata; si trova in un *boulevard* di Parigi dove passano in fretta le automobili. Il suo amante non l'ama più.

E. *Leggere il seguente racconto prendendo appunti sull'immagine della vita quotidiana della protagonista e l'importanza del cinema nella sua vita.*

Cinematografo

È una piccola dattilografa,° più sui quaranta che sui
trenta, non svelta e furba° come tant'altre della sua classe.
Un po' ingobbita nelle spalle,° veste invariabilmente di
color grigio-ferro o marrone scuro, col feltrino° ben calcato
sulla fronte, a coprir d'ombra gli occhi quasi senza ciglia.
S'è fatta anch'ella tagliare i capelli alla maschietta[1]; ma
solo perchè, deboli e incollati alla cute° quali sono, il
codino di topo° troppo sottile° per esser fissato dalle
forcine° non le scenda più nel collo a farla vergognare.°
Le vesti corte non le stanno bene, la tradiscono, per via
delle gambe troppo magre: sulle quali, specie alle caviglie,°
le calze fanno ostinatamente qualche piega[2]; e non c'è
nulla che imbruttisca° una figura di donna, e la impo-
verisca,° più delle calze che facciano piega sulle caviglie.

    Vive sola: i genitori le son morti: a nessun giovanotto
è mai piaciuta la sua smunta° faccina di mela renetta[3],
che par nata con le grinze.° Lo studio commerciale dove
lavora è tetro,° con le lampade elettriche accese anche
di giorno a litigar col pallore vischioso° entrante dalle
finestre, che danno su un vicolo° del centro; e sa di° carta
vecchia e nuova, di cifre,° d'inchiostro copiativo, di vita
magra e ristretta, basata sull'orario giornaliero e sul
ventisette del mese[4]. I pochi impiegati non hanno occhi
che per la seconda dattilografa, adolescente per modo di
dire, rasa° ella pure alla maschietta, ma con le labbra
laccate,° le ciglia pesanti di tintura nera, e, per vestito,
una specie di maglietta da bagno,° che non arriva alla
ròtula del ginocchio,° e sui piccoli seni, sull'anche° fles-
suose,° sembra bagnata tanto è aderente.

    La sera del giovedì e del sabato, e, qualche volta,
anche il pomeriggio della domenica, l'impiegatuccia dalla
faccina di mela renetta va al cinematografo.

typist

shrewd

ingobbita... *hunched
over at the shoulders*
cappello di feltro

incollati... *sticking to
her skin*
codino... *braid/fine
hairpins/***farla...** *embarrass her*

ankles

renda brutta

renda umile

pallida

rughe *(wrinkles)*
gloomy

sticky
*alley/***sa...** **ha l'odore di**
numeri

(lit.) *shaven*

lacquered

maglietta... *knit bathing suit*
ròtula... *kneecap/hips*
graceful

---

[1] **S'è fatta tagliare i capelli alla maschietta...** *She had her hair
bobbed...*
[2] **le calze fanno... qualche piega** *the nylons... sag*
[3] **mela renetta** qualità di mela con la pelle rugosa *(wrinkled)*
[4] **ventisette del mese** in generale, gli italiani ricevono lo stipendio
(salary) il ventisette del mese

Gli altri giorni della settimana ripensa a quello che ha veduto al cinematografo; e si prepara alla gioia del prossimo spettacolo.

Va senza amiche, perchè non ne possiede. Non ne ha mai cercate nè trovate: nemmeno quando, ragazzetta, andava a scuola. Un'invincibile timidezza l'ha sempre trattenuta: fors'anche, un senso oscuro della propria inferiorità, un divieto° organico di spiegarsi, di confidarsi, di chiedere. C'è chi nasce col fluido che attira:° chi, col fluido che scosta:° chi, senza l'uno e senza l'altro; ed è il più misero e diseredato° di tutti. Anche il nome di lei è misero: Bigia: che, in lombardo, è corruzione di Luigia; e sa di nebbia, di crepuscolo,° di pioggia.

Vuole le sale° migliori, dove si danno le «rappresentazioni»° migliori: metà dello stipendio lo finisce lì. Ma non si tratta di viaggi? Di viaggi, magari, intorno al mondo? Bene, e con tutti i comodi,° non si viaggia che in prima classe. La novità, la distensione° cominciano all'entrata, nel vestibolo° che in generale è ampio, a colonne, illuminato da grevi° lampadari di lusso, ornato da grevi fascioni° di stucco e da manifesti reclame° con diciture° gigantesche e disegni all'ennesima potenza[5] del colore, della grossolanità° espressiva. Quasi sempre lo spettacolo è già cominciato, e la platea,° nell'ombra più nera, le sembra vuota: solo popolata da un immenso respiro sospeso. Le accade spesso, sedendo al buio, di sfiorare° il braccio d'una persona invisibile; ogni volta ne risente lo stesso brivido. Non sa se sia donna o uomo. È un essere vivente, del quale avverte la presenza senza vederne, pel° momento, il viso, o esserne veduta: questo non le dispiace. Quando, nella sala, si fa,° per l'intermezzo, improvvisa la luce, ella può vedere il profilo del vicino o della vicina; ma non l'interessa più. Guardare vuol dire essere guardati. Conosce, lei, la propria meschinità° e bruttezza. Se nella vita si potesse sempre esser vicini senza vedersi!

Predilige,° sullo schermo, i drammi nei quali le più inverosimili° avventure s'intrecciano° e girano in vortice intorno al nucleo del più meraviglioso amore. Forse dalla stessa aridità e avarizia° del suo destino nasce in lei un tal bisogno del fantastico. Ricca, istruita, andrebbe a teatro: così com'è, al suo istinto greggio,° alla sua mente incolta° il teatro, sia lirico sia di prosa, non potrebbe dare il nutrimento del quale il cinematografo la sazia.° Nutrimento disordinato, estroso,° e spesso, avvelenato.° Non si

prohibition

attracts

distances

destitute

twilight

movie theaters

i film

comforts

il rilassamento

lobby

pesanti

*wide strips/***manifesti...** *publicity posters/captions*
coarseness
orchestra seats

graze

per il

si... si accende

miseria

Preferisce
improbabili/*intertwine*

stinginess

non raffinato
priva di cultura
soddisfa
capriccioso/*poisoned*

---

[5] **all'ennesima potenza**   equivalente italiano a *to the nth power*

rende conto di come avvenga: ma, sin dai primi quadri,° *scenes*
ella trasmigra nella persona della protagonista, entra nel
suo mondo: ama, odia, pecca,° arrischia, gioisce, patisce,° *sins*/**soffre**
trionfa, immedesimata in lei.° Per due o tre lunghissime **immedesimata...** *be-come one with her* / *filled*
e rapidissime ore cariche° d'avvenimenti, ella possiede il
dolce viso fraterno di Mary Pickford, i dorati capelli ad
aureola° e le larghe narici° triangolari di Mae Murray, il **ad...** *halo-like*/*nostrils*
fluido corpo, l'ambigua grazia, i pallidi e magici occhi di
Greta Garbo. È Pola Negri, è Baby Daniels[6]; non in quanto
sono quelle che sono, ma in quanto vivono il personaggio
che rappresentano.

Per due o tre lunghissime e rapidissime ore vive in
paesi che non ha mai visti, ma che riconosce al primo
colpo d'occhio e dove si trova bene, come ci fosse sempre
vissuta: li attraversa in lussuose automobili, in treni
fulminei,° oppure li sorvola in aerei velivoli:° vi discende **rapidi**/*aerei...* *gliders*
in alberghi degni° di regine e di re: riceve dame e *worthy*
gentiluomini in salotti pieni di cose preziose, ella stessa
ornata, ingioiellata° come un idolo: oppure, in guarnello *bejeweled*
succinto,° con un fazzoletto quadrigliato° al collo e un **guarnello...** *low-cut* / *bodice*/*checkered*
garofano in testa, accoglie, in una bettola° americana al *dive* / *prairies*
margine delle praterie,° avventurieri, cercatori d'oro, avanzi **avanzi...** *jailbirds* (lit.)
d'ergastolo.° Palpita e combatte nell'intrigo sapiente, gioca *prison leftovers*
la vita e la riprende, scompare e ricompare. Se non è un
cow-boy alla Fairbanks o un teppista° alla Ghione[7], l'uomo *hoodlum*
ch'ella ama ha, di solito, nobile portamento,° nobili ma- **modo di muoversi**
niere, viso glabro° e corretto, sorriso enigmatico con *smooth*
smorfia° e stiramento nervoso° delle labbra a sinistra o a **grimace**/**stiramento...** *nervous tic*
destra. Tipo anglo-americano: somiglia vagamente al gio-
vane principale° del suo ufficio. Ma costui° le è lontano **capo**/**quest'uomo**
le mille miglia, anche quando non li separa che lo stretto
spazio tra la scrivania e il tavolino della macchina da
scrivere: mentre l'altro, oh, l'altro le è così addosso che
sente il calore del suo fiato, e con lui può fuggire in capo
al mondo[8].

Fuggire, fuggire sul mare. Non c'è mai stata. L'unico
ch'ella conosca è il mare del cinematografo: così bene,
che ne ode° il ritmico frangersi° sulla spiaggia, ne respira **sente**/*breaking (of* / *waves)*
la salsedine,° ne assapora° la libertà. Solo la turba quella *saltiness*/*relishes*
continua furia dell'onde nell'inseguirsi:° è sempre così *in their succession*

---

[6] **Mary Pickford, Mae Murray, Greta Garbo, Pola Negri, Baby Daniels** dive *(stars)* del cinema negli anni venti

[7] **Fairbanks, Ghione** attori famosi negli anni venti

[8] **fuggire in capo al mondo** *run away to the ends of the world*

inquieto il mare, anche in tempo di bonaccia⁹? Tutto,
sullo schermo, è rapido: il gestir delle persone, l'andare,
il venire, il pianto, il riso, il ritmo del lavoro, l'amplesso,° **abbraccio**
il delitto. Tutto si svolge in velocità. Ai punti culminanti
dello spettacolo, se il salone non fosse immerso nel buio,
la Bigia vedrebbe, in platea, file di facce alterate
dall'accelerazione del sangue, dall'eccitazione dei nervi.
Anche la propria, in uno specchio, se la vedrebbe così.

    Fosse davvero, la vera vita, simile a quella del
cinematografo! Porte che si spalancano° da sole, vie **si...** *open wide*
d'acqua di terra d'aria lì pronte a mettere in salvo° chi si **mettere...** *bring to*
trova in pericolo: le distanze ridotte a un punto: nulla di   *safety*
vietato, tutto reso possibile e leggero, asservito° ai folli° *enslaved/crazy*
capricci della fantasia, della passione.

    Ma non sono menzogne°? Ma la menzogna non è un **bugie**
male? Se la mamma di Bigia fosse ancor viva, se ne
spaventerebbe: le direbbe: «Guàrdati». Ma le ragazze di
adesso non ascoltano la mamma: dicono: —Io guadagno:° *earn (money)*
dunque faccio quel che voglio.— E poi, la mamma di
Bigia non c'è più: nessuno c'è più per la Bigia, nè ci sarà.
E quell'ardore che la brucia dentro, mai confessato
neppure a se stessa e del quale nemmeno l'aria s'è
accorta, glielo placano, glielo incanalano° per mille strade *channel*
le fantastiche vicende godute e patite° nello schermo. **sofferte**
Due esistenze parallele conduce: due anime distinte
possiede. Senonchè,° da qualche tempo, le parallele de- *Except that*
viano, si raggiungono, s'intersecano: le anime si cozzano.° *clash*
Al suo ritorno dallo spettacolo ha la pelle che le scotta,° **brucia**
il celere° battito di polso, a intermittenze, della febbre **rapido**
nervosa: non riesce ad addormentarsi: il suo cervello
lavora lavora dietro immagini che hanno la nitidezza,° **chiarezza**
l'intensità, la crudeltà d'intaglio° delle allucinazioni. Verso *carving*
l'alba, affranta,° si assopisce;° ma nel sonno rivive in sogno **esausta/si...** *grows*
la favola della tessitrice° che per magia d'amore diventa *sleepy*
duchessa, o della miliardaria che fugge dagli splendori *weaver*
del suo palazzo per seguire il bel cavaliere di ventura,° o **cavaliere...** *knight*
della donna-macchina che è più seducente d'una donna
di carne e trascina° alla perdizione° le moltitudini. *drags/***rovina**

    Faticoso è il risveglio, con la lingua grossa, la
memoria aggrovigliata,° la volontà floscia.° In ufficio si *tangled/flabby*
distrae, rimane immobile alla macchina sognando ad occhi
aperti: sbaglia cifre, riporti¹⁰ e classifiche: non è più lei.

---

⁹ **bonaccia**   stato del mare o del vento in calma
¹⁰ **riporti**   *(mathematics) amounts to be carried over*

Ma forse è malata; solo questa riflessione trattiene il principale dal licenziarla.°   *firing her*

Esce, un sabato verso le undici, dal Cinema Helios con le pupille abbacinate,° un confuso ronzio° nelle orecchie, il faccino di mela renetta assorto nella fissità d'un pensiero che lo trasfigura. Nel piazzale, viavai° di gente che sfolla° dai ritrovi:° incrociarsi, strombettar° d'automobili: ossessionante barbaglio° di scritte luminose, bianche, purpuree, turchine, a nastro, a zampillo, a girandola[11]. I fanali° dei veicoli si riflettono nell'asfalto bagnato. Luci sopra, luci sotto. Irrealità. Ella non riconosce il luogo ove° si trova. Non riconosce se stessa. Il momento drammatico della romantica storia che or ora° l'ha esaltata non fa che ripetersi nella sua rètina e nel suo cervello. Ella ha nome Ginevra: vent'anni: innamorata: disperata: in un *boulevard* di Parigi attende° che passi l'automobile del suo amante per buttarvisi sotto e farsi schiacciare.° Il suo amante: che non l'ama più, perchè non le crede più. Il suo amante: che dolcezza, che spasimo, avere un amante, soffrire d'amore, piangere per lui, dirsi: «Adesso, ecco, io mi uccido per lui». Ma non morire, naturalmente. Da lui stesso essere raccolta, da lui stesso salvata; e ricreduta, e riamata. Muoiono, forse, le eroine dei drammi da cinematografo?

La scena si svolge come sullo schermo. Gente che passa e non guarda, indifferente, rapida: luci che brillano, vetture° che corrono, rapide: tutto in fretta, senza ostacoli, come in sogno. Bigia-Ginevra sa d'esser bella: elegantissima: una figurina di porcellana in una pelliccia di petit-gris° dai morbidi° riflessi d'argento, con le gambe velate da una ragnatela° d'argento, e scarpette di camoscio° grigioperla che sembrano gioielli sul fango. E non ha nulla in capo: una gran zazzera° bionda, ricciuta:° chi le ha dato quella zazzera bionda? E come può vedersela, se non ha specchietto e non ci sono vetrine aperte?

Ma lei, bella, elegante, innamorata, è lì per uccidersi.

Uno sterzo° violento dell'automobile in corsa che non fa in tempo a scansare° la vittima volontaria: un urlo:° due vigili che, pietosamente, raccolgono da terra un corpo di donna a cui, nello scempio,° l'umile vestituccio marrone scuro è risalito fino alle spalle, lasciando pressochè° ignudi il torso ferito, le gambe spezzate.° La trasportano via,

dazzled/buzzing

coming and going
disperses/nightclubs/
honking
glare

headlights

dove

or... poco fa

aspetta
farsi... *have herself crushed*

veicoli

Russian gray squirrel fur/soft
(lit.) *spider web/suede delicate fabric*

mop of hair/curly

swerving (lit.) *steering wheel*
avoid/scream

massacro

quasi

rotte

---

[11] **scritte luminose... a nastro, a zampillo, a girandola** *different kinds of lighted signs:* **a nastro,** *in which words appear in a straight line;* **a zampillo,** *in which words fan out from bottom to top;* **a girandola,** *in circular form.*

all'ospedale, nella stessa automobile dalla quale è stata investita:° la mandra° dei curiosi la segue con lo sguardo, poi si scioglie,° e riprende in varie direzioni il cammino. Uno sospira: —Povera creatura!— E un altro: —Chi sarà?

    Nessuno. Quasi nessuno. Una piccola dattilografa che viveva sola, e non aveva che una passione: il cinematografo.

run over/herd

si... disperde

Ada Negri
tratto da *Corriere della Sera*
27 novembre 1928

Esercizi

Domande

1. Descrivere l'aspetto fisico e il carattere di Bigia.
2. Com'è la vita personale e sentimentale della protagonista?
3. Com'è l'ambiente di lavoro della dattilografa?
4. Che genere di film preferisce la protagonista? Perchè?
5. Che cosa succede a Bigia mentre guarda i film?
6. Dare un breve riassunto della conclusione del racconto.
7. Paragonare l'immagine di Ginevra e quella di Bigia.
8. Che cosa riflette della vita di Bigia la scena in cui è morta?

Conversazione

1. Descrivere le due esistenze che conduce Bigia.
2. Spiegare l'importanza del cinema nella vita della protagonista.
3. Quali sentimenti o pensieri ti provoca la conclusione del racconto?
4. Paragonare il ruolo del cinema descritto nel racconto al fenomeno attuale dei teleromanzi *(soap operas)*, fornendo alcune ragioni per cui sono popolari.
5. Quale ruolo cinematografico sceglieresti se tu potessi entrare nel mondo del personaggio e «vivere» il ruolo? Spiegare il perchè.

Esercizi di grammatica e di lessico

A. *Molte parole hanno due o più significati anche se condividono la stessa ortografia* (spelling). *Per esempio,* **faccia** (face) *è un nome e anche un verbo (1ª e 2ª persona sing., congiuntivo di* **fare***);* **tempo** *significa* time, *ma anche* weather. *Per ogni parola sottoelencata tratta dal racconto, dare un significato oltre quello indicato.*

    1. sale (nome, *halls, theaters*)
    2. verso (avverbio, *towards*)
    3. riso (nome, *smile*)
    4. respiro (nome, *breath*)
    5. anche (nome, *hips*)
    6. nobile (aggettivo, *noble*)
    7. ora (nome, *hour*)
    8. ancora (avverbio, *still, yet*)

B. *Nel racconto «Cinematografo» la scrittrice adopera alcuni aggettivi verbali, che si formano aggiungendo* **-ante** *alla radice dei verbi della prima coniugazione e* **-ente** *alla radice dei verbi della seconda e della terza coniugazioni. Seguendo l'esempio, formare l'aggettivo verbale per ciascun verbo sottoelencato e scrivere una frase.*

ESEMPI culminare
culminante
La scena culminante ha sorpreso tutti gli spettatori.

vivere
vivente
I suoi parenti viventi abitavano ad Ostia.

1. seguire
2. sorridere
3. ossessionare

4. divertire
5. corrispondere

C. *Fornire la forma singolare del nome che ha la stessa radice dell'aggettivo.*

ESEMPIO disperato
disperazione

1. nuovo
2. fantastico
3. lussuoso
4. malato

5. drammatico
6. indifferente
7. curioso
8. inferiore

D. *Scegliere una foto da una rivista e descrivere l'abbigliamento* (clothing) *che portano le persone. Specificare tutti i colori.*

ESEMPIO *Questo uomo porta i pantaloni marrone, la camicia azzurra, la cravatta rossa e la maglia blu.*

Temi per componimento

1. Scrivere una conclusione fantastica per il racconto «Cinematografo».
2. Scrivi un breve articolo per un giornale in cui descrivi la morte di Bigia e le ragioni personali e professionali che l'hanno portata ad una tale fine.
3. Comporre una breve descrizione di un teledipendente *(couch potato)* che ha una sola passione: i teleromanzi *(soap operas)*.
4. Ti sei mai immedesimato(a) in un personaggio cinematografico? Descrivi il carattere del personaggio e la trama del film.

Dino Buzzati

UNA VISITA DIFFICILE

Dino Buzzati
[1906–1972]

*A*mong the numerous **elzeviristi** who contributed to the **terza pagina**'s variety of content and form, Dino Buzzati has distinguished himself through his use of imagination as a tool to perceive and interpret topical ideas, events, and public figures. The Milanese author's artistic vision reflects his powerful creative expression as well as his long, varied journalistic experience. After earning a law degree from the University of Milan, Buzzati began to work as a reporter at the *Corriere della Sera*, where he was a war correspondent based on a cruiser during World War II, and later an editor. A masterful writer of novels, poetry, short stories, and plays, Buzzati was awarded the Strega Prize for *Sessanta racconti* (1958), a collection of short stories that had appeared on the third page. He was also a painter and in 1970 received the Paese Sera Award for the best comic strip in recognition of *Poema a fumetti.*

Buzzati's short stories appeared on the *Corriere*'s third page as often as three times per month, documenting the changing social climate from the 1920's to the 1970's. This short fiction consistently reflects the author's conviction that the **elzeviro** had to speak to the contemporary imagination while treating relevant topics if the form were to survive. In the late thirties and early forties, when the **elzeviristi** increasingly drew upon the war as a subject for their fiction, Buzzati wrote many war stories that created a panoramic picture of the war, in which all members of society had to wage an intimate battle with uncertainty, isolation, and physical hardships. «**Una visita difficile**» illustrates the thematic concerns that recurred in Buzzati's representation of the war, for him a «**schifoso sogno**». It furthermore anticipates, through its frank portrayal of the Second World War's brutalizing material and psychological impact, the emergence of a growing neorealistic tendency on the **terza pagina** and in the Italian arts.

Preparazione alla lettura

A. *Descrivere alcuni effetti, materiali e psicologici, della guerra in generale.*

> **ESEMPIO** *Di solito i nemici bombardano le città; perciò tutti i cittadini hanno paura.*

Parole utili

abitazione
battaglia
bomba
bombardamento
ferita *(wound)*
nemico
popolo
soldato

ferire
guarire *(to recover)*
morire
soffrire
uccidere

B. *Riscrivere le seguenti frasi usando la costruzione passiva con il pronome* **si**. *Seguire gli esempi.*

> **ESEMPI** Uno vedeva tanta gente.
> *Si vedeva tanta gente.*
>
> Uno cambia i soldi in banca.
> *Si cambiano i soldi in banca.*

1. Uno non sentiva voci.
2. Uno aveva l'impressione che nessuno avesse capito.
3. Uno non riuscì a capire.
4. Uno vedeva case di pescatori.
5. Uno entrava da un gran portone.

C. *Qual è la prima parola,* **guerra** *o* **pace,** *che i seguenti vocaboli ti suggeriscono?*

valoroso	pescatore	nemico
combattimento	bellezza	generoso
puro	bombardamento	desideri
giornate eroiche	innocente	illusioni
orto	Pasqua	mare

D. *Descrivere le divergenze di comportamento e di interessi che potrebbero esistere tra la madre di un figlio morto in guerra e il comandante che va a trovarla per spiegare come è morto suo figlio. La madre, una vecchietta dolce e quieta di un paese di pescatori, è stanca e rassegnata al destino dopo la morte di suo figlio. Al contrario, il valoroso comandante pensa con nostalgia alle ore di battaglia e all'eroismo del bravo marinaio (sailor), morto mentre lui gli teneva la mano.*

Parole utili

capire	combattimento	commosso
raccontare	dolore	composto
rassegnarsi	eroismo	eroico
soffrire		ferito
		indimenticabile
		umile
		valoroso

E. *Nel seguente racconto il comandante pensa nostalgicamente alle battaglie del passato e, in particolare, alla morte eroica di un giovane marinaio, mentre si prepara a parlare con la madre del ragazzo. Leggendo il racconto, prendere appunti sui seguenti argomenti: il senso di isolamento rappresentato dalla madre di Battiloro e dal comandante; le visioni diverse della guerra create (1) dai ricordi del comandante, (2) dalla rappresentazione della madre, (3) dalla descrizione del paese.*

Una visita difficile

*I*l capitano di fregata° B. andò un giorno da Napoli a
Torre del Greco per trovare la madre di un suo marinaio,°
di nome Battìloro, morto in combattimento. Entrambi
erano rimasti feriti° gravemente dalla stessa raffica,° in
plancia.° E si erano poi trovati accanto, sul divano della
sala nautica, a farsi medicare: il valoroso comandante del
cacciatorpediniere,° nobile piemontese, fianco a fianco°
col più umile uomo di bordo. Era questi un ragazzo molto
semplice, quasi rozzo,° un pescatore senza istruzione;
eppure era morto in bellezza. Poichè qualche giorno prima
era stato rimproverato° per la divisa° in disordine, quando
si sentì prossimo alla fine: «Avete visto, comandante»
disse «che oggi sono pulito?». Non di lasciare il mondo
era preoccupato, ma soltanto di andarsene bene, come
fanno i bravi soldati. E la sua immagine era rimasta nel
cuore del capitano di fregata B. specialmente cara; sim-
boleggiando il bel cacciatorpediniere dovuto lasciare,°
l'animo generoso dell'equipaggio,° le ore indimenticabili
e pure della battaglia.

    Il capitano di fregata B. era faticosamente guarito.
Ma ora non navigava più, ora se ne stava chiuso dal
mattino alla sera in un Comando,° fra pratiche° e telefo-
nate. Le ferite gli facevano ancora male. E col passar del
tempo cresceva il desiderio di conoscere la madre di
Battìloro, un progetto formulato dapprima senza persua-
sione. Aveva l'impressione di poter ritrovare in lei l'animo
stesso di Battìloro, di tornare per qualche istante alle
giornate eroiche ormai lontane.

    In un pomeriggio caldo e caliginoso° egli si fece
condurre in macchina a Torre del Greco. L'auto si fermò
in una piazzetta scoscesa.° Su per quella stradetta, a
sinistra, era l'abitazione di Battìloro. Proseguire tuttavia
era impossibile perchè una casa, crollando,° aveva bloccato il passaggio. Qui erano venuti, proprio il mattino di
Pasqua, gli aviatori nemici; e intorno non c'erano che
innocenti case di pescatori e marinai, proprio niente altro,
non cantieri,° non depositi,° non ferrovie, nulla che avesse
a che fare con la guerra. Allora il comandante, sceso di
macchina, si incamminò a piedi verso l'opposto ingresso
del vicolo.° Era un labirinto di strade povere e semideserte.

frigate
sailor

wounded/round of fire
in... *on deck*

torpedo-boat destroyer/
fianco... *side by side*

primitivo

ammonito/*uniform*

dovuto... *that had to be
left*
crew

*headquarters/paper-
work*

hazy

steep

collapsing

shipyards/warehouses

lane, alley

Ma tutto intorno orti verdissimi che mettevano abbastanza allegria. Lo seguirono una decina di ragazzetti, follemente incuriositi da quell'ufficiale così elegante con le cordelline° *tassles* d'oro a una spalla.

Il comandante imboccò il vicolo, stretto tra due barriere di muri. Stranamente, verso la metà, esso si spalancava° alla luce. Anche qui erano cadute le bombe. **si...** *opened wide* Una casa a destra era crollata. In un'altra, a sinistra, affacciandosi a un androne,° si vedeva un largo foro° *entrance hall*/**buco** circolare nel soffitto; e attraverso il foro, come in certi spaccati° pubblicitari di transatlantici,° la stanza di sopra; *cross-sections*/*ocean-* un comò, un santo a una parete, il letto fatto, tutto *liners* assurdamente tranquillo e in ordine. Un piede del letto era sospeso sul vuoto. Non si udivano voci. Possibile che? Ma B. scartò il troppo crudele pensiero.

Gente usciva intanto dalle case. Non erano però bene informati. Indicarono la casa dei Battiloro ma per il resto si contraddicevano. Qualcuno confermava che un figlio era morto in guerra. Altri dicevano che non un figlio era morto ma una figlia, una figlia sposata, nell'ultimo bombardamento (si trovava in rifugio con in braccio un suo bambino di sei giorni; lei era rimasta schiacciata,° il *crushed* piccolo invece lo avevano estratto dalle macerie° senza **rovine** neppure un graffio°). Finalmente, a forza di° chiedere, si *scratch*/**a...** *by dint of* riuscì a sapere: dei figli. Battiloro uno era caduto in guerra, una nel bombardamento di Pasqua, una terza, pure sposata, era rimasta ferita e adesso si trovava all'ospedale; poi ce n'era un quarto, ancora ragazzetto.

B. entrò nella casa. Una minuscola scaletta menava° **portava** a una larga terrazza sulla quale diverse porte si aprivano. Uscì un giovanotto, parente dei Battiloro; marinaio sui dragamine°, venuto in licenza° da Cefalonia. Disse che la *minesweepers*/**in...** *on* mamma Battiloro era uscita, probabilmente si trovava in *leave* una casa vicina da amici; avrebbe mandato subito qualcuno a chiamarla. Intorno si vedevano case di pescatori, bianche di calce°, tutte terrazze, terrazzini, scalette es- *lime* terne. Una ragazza invisibile cantava. C'era un'aria grigia da pioggia. Il comandante era leggermente a disagio.° Che **a...** *ill at ease* cosa avrebbe potuto dire adesso a quella madre? Il marinaio in licenza chiacchierava, fin troppo disinvolto° **informale** a motivo del vestito borghese.° **vestito...** *civilian* *clothes*

Ma a un tratto il comandante scorse il mare. Tra due spigoli° di case ne appariva un pezzetto, come *corners* miraggio conturbante.° —Ecco— disse al marinaio in **preoccupante** licenza, —ecco un dragamine come il tuo,— e faceva segno a una minuscola sagometta° nera al limite **profilo** dell'orizzonte. Il giovanotto sorrise: —No, comandante, quello è uno scoglio.° Da qui lo vediamo quando soffia scirocco.[1] Quando c'è libeccio[2] invece non si vede più.— Seguì un silenzio imbarazzato. Finchè comparve un prosperoso ragazzetto tutto bianco di farina; sia il più giovane dei Battiloro, garzone presso un fornaio.° —Come assomiglia a suo fratello,— disse il comandante e il volto° gli si illuminava. Poi lo strinse affettuosamente: —Vedi? Io sono il comandante della nave dove era imbarcato tuo fratello. Era un bravo marinaio, sai? Tu devi essere degno di lui. E dimmi, quando sarai grande, farai anche tu il marinaio, vero?— Il fanciullo senza timidezza rispose: —No, io farò il panettiere.— Rise il marinaio in licenza; anche il comandante avrebbe voluto ridere ma non ci riusciva.

reef

panettiere

faccia

Ed ecco vennero a dire che la mamma Battiloro non era presso i vicini bensì° in casa della seconda figlia, quella ferita, distante qualche chilometro. —Andiamoci,— fece° il comandante e ridiscese nel vicolo dove i monelli stavano ancora aspettando. In automobile salì anche il marinaio per insegnare la strada.

ma

disse

La macchina corse per la litoranea° del golfo, fiancheggiata° da siepi ininterrotte di case che sembrano un unico smisurato° paese. Si fermò dinanzi a una delle tante abitazioni, bassa, polverulenta° e slabbrata.° Dal marciapiede si entrava in uno stanzone vuoto e brulicante° di mosche, dove un bambino stava giocando per terra. Seguiva una grande camera zeppa° di mobili, con tre letti giganteschi, nella quale erano riunite le donne. Qui tutto era rassettato° e pulito.

costa
bordered
enorme
dusty/**rotta**
swarming

piena piena

messo in ordine

La mamma di Battiloro sedeva su un breve divano. Era una dolce vecchietta, estremamente quieta e composta. Sul suo volto non c'era sofferenza; ma neppure calore di vita. Desideri, illusioni, ansie, vanità erano in lei finiti per sempre. Il comandante le sedette vicino, le parlava amorevolmente, le spiegava chi era, perchè era venuto a trovarla. Lei taceva, faceva segno di sì, di sì, ma sembrava lontana. Dio sa se capisse veramente. Intorno, senza contare i bambini, erano quattro giovani donne, eccitatissime dalla visita inaspettata; specialmente una, di estrema grassezza ed esuberanza, non smetteva di

---

[1] **scirocco** vento caldo da sud-est, proveniente dall'Africa

[2] **libeccio** vento da sud-ovest spesso violento, caratteristico del Mediterraneo centrale e settentrionale

affaccendarsi° a far posto,° procurare sedie, dare spiegazioni di ogni genere. Si aveva l'impressione che nessuna
avesse afferrato° bene perchè l'ufficiale fosse venuto.
—E allora, sta bene adesso?— domandò a un certo punto
una di esse. Le altre si affrettarono a zittirla.° Il fatto è
che non aveva capito niente; credeva che B. fosse venuto
a portare notizie della figlia ferita.

Ma perchè quelle donne continuavano a parlottare?°
Chi era quel vecchio austero entrato adesso con grandi
cerimonie? Perchè il marinaio dei dragamine si affannava,°
credendo di non dare nell'occhio,° affinchè si offrisse
qualcosa al comandante? E che significava di là, in cucina,
quell'improvviso armeggio° come di festa? La mamma di
Battiloro, seduta con gran compostezza, annuiva° alle
parole del comandante; ad opera dei° dolori ella pareva
del tutto svuotata.

—Era seduto vicino a me,— raccontava il comandante commosso, —come noi due qui, adesso. E mentre
mi medicavano...— Lei faceva segno di sì, con la testa,
ma la sua mente doveva essere lontana, i suoi occhi non
più capaci di piangere; come quando a un albero strappano
via tutti i rami° e a poco a poco il tronco si dissecca.
—Per fortuna non ha sofferto, io gli tenevo una mano...—
Lei faceva segno di sì, di sì, con la rassegnazione infinita.

—Ecco qui due giornali. Qui si parla di vostro figlio.
Ve li farete leggere. Hanno scritto degli articoli proprio
per lui.— Lei li prese, fece per aprirli, li ripiegò di nuovo,
ma era evidente che non se ne rendeva conto.

—Adesso dovete dirmi, vi prego, ditemi se posso
fare qualcosa per voi, ditemelo con tutta sincerità.— Ed
ecco le labbra della madre si mossero, mormorarono
qualche parola: —Le sue robe°...— disse —i suoi vestiti...—
Avrebbe voluto gli effetti personali del figlio, andati
probabilmente perduti dopo il combattimento, nel travaglio del bastimento colpito. E qui il comandante si
accorse di aver dinanzi una povera mamma che gli anni,
le maternità, i dolori avevano alla fine spenta; e non ne
restava che un'ombra, una specie di dolce simulacro,°
staccato già dalla terra. Tutto poteva lasciar supporre
ch'ella fosse ancora tra di noi; invece, senza che nessuno
sapesse, lei si era incamminata adagio adagio dietro quei
due figlioli, e ormai ne aveva fatta di strada. Invano il
comandante B. era venuto fin qui a cercarla e ora la
chiamava indietro perchè gli rispondesse; lei andava sulle
orme° dei figli perduti; ed era inutile che lui parlasse
ancora, proprio come parlare a un fantasma.° E gli altri

occuparsi/a... *make
room*

capito

hush her up

parlare a voce bassa

si... si preoccupava

dare... *to catch someone's eye*

agitazione

nodded in agreement

ad... a causa dei

branches

cose

immagine

andava... *was following
in the footsteps*
ghost

intorno non capivano. Essi erano buoni e amorevoli con la mamma di Battiloro ma non immaginavano neppur di lontano che cosa fosse successo dentro di lei; alla presenza di così aristocratico ufficiale erano esclusivamente pre-occupati di non far cattiva figura.° Di fuori cominciava a piovere.

far... *make a bad impression*

Il capitano di fregata B. ha rinunciato a parlare. Risponde con sorrisi stentati° alle premure della famiglia, accetta una fetta° di dolce, è impaziente di andarsene. Non vede l'ora di uscire sulla via donde° potrà scorgere tra le case qualche pezzetto di mare, una sia pur misera striscia, ma di nudo, plumbeo°, selvaggio mare deserto. Si rende conto di essere solo, assolutamente solo coi suoi meravigliosi ricordi nella stanza zeppa di gente. Anche Battiloro, animo semplice, si sentirebbe solo qui dentro. Perchè ciò che i soldati soffrono nelle ore grandi della guerra non può essere spartito° con gli altri uomini, una barriera misteriosa separerà gli altri per sempre.

deboli
slice
da dove

grigio scuro

diviso

Dino Buzzati
tratto da *Corriere della Sera*
4 luglio 1943

Esercizi

Domande

1. Quali sono almeno due ragioni per cui il capitano di fregata B. va a trovare la madre di Battiloro?
2. Descrivere dove e come è morto Battiloro.
3. Qual è il contrasto tra la vita del ragazzo e il modo in cui è morto?
4. Perchè l'immagine di Battiloro è particolarmente importante per il capitano?
5. Com'è lo stato fisico e psicologico del comandante quando fa visita alla madre del marinaio morto?
6. Dare una descrizione dell'ambiente fisico intorno alla casa dei Battiloro.
7. Che cosa è successo alla famiglia Battiloro durante la guerra?
8. Fare un breve riassunto della visita del capitano alla madre del marinaio morto.
9. Usando esempi dal testo, spiegare lo stato emotivo della madre di Battiloro.
10. Secondo il capitano, com'è il rapporto fra i combattenti di guerra e gli altri? Quali eventi e circostanze nel racconto sostengono questa opinione?
11. Nell'ultimo paragrafo l'autore cambia la narrazione al tempo presente. Quale effetto crea questo cambiamento dei tempi?

Conversazione

1. Identificare e discutere gli effetti principali della guerra trattati nel racconto.
2. Descrivi le tue reazioni al comportamento del comandante e a quello della madre.
3. Secondo te, l'immagine del comandante creata da Buzzati è positiva o negativa?
4. Descrivere la conversazione che faranno in famiglia dopo la partenza del comandante.
5. Definire delle opinioni attuali riguardanti la guerra in generale e paragonarle a quelle suggerite dal racconto, discutendone le differenze.

Esercizi di grammatica e di lessico

A. *Completare le seguenti frasi con la forma appropriata del trapassato prossimo.*

1. La battaglia era tremenda; il capitano e il marinaio _____ (rimanere) feriti gravemente e poi _____ (trovarsi) accanto a farsi medicare.
2. Il ragazzo era molto semplice, eppure _____ (morire) in bellezza.
3. L'auto non poteva proseguire perchè una casa, crollando, _____ (bloccare) il passaggio.

    4. Il vicolo si spalancava alla luce, perchè anche qui _____ (cadere) le bombe.

    5. Il giovanotto disse che la mamma _____ (uscire).

    6. Gli anni, le maternità, e i dolori _____ (staccare) la donna dalla terra.

    7. Invano il comandante _____ (venire) a cercare la madre di Battiloro.

B. *Raggruppare le seguenti parole secondo il loro rapporto con le categorie generali indicate—***mare, strada,** *o* **casa.**

ESEMPIO MARE	STRADA	CASA
navigare	*automobile*	*stanzone*

1. nautico	**9.** fregata
2. terrazza	**10.** camera
3. vicolo	**11.** stanza
4. abitazione	**12.** soffitto
5. cucina	**13.** scoglio
6. portone	**14.** piazzetta
7. parete	**15.** marinaio
8. passaggio	**16.** pescatore

C. *Nella famiglia Battiloro la madre è casalinga, un suo figlio è marinaio sui dragamine, e il suo figlio minore lavora presso un panettiere. Componi almeno cinque frasi descrivendo i lavori che le persone nella tua famiglia (o in una famiglia inventata) fanno o vorrebbero fare. Usare gli aggettivi possessivi.*

    ESEMPIO *La mia sorella maggiore vorrebbe fare l'elettricista.*

D. *Le seguenti due frasi dal racconto di Buzzati illustrano l'uso di* **farsi + l'infinito** (to have something done for oneself by someone else).

    Egli si fece condurre in macchina a Torre del Greco.
    (He had himself driven to Torre del Greco.)

    Ve li farete leggere.
    (You will have them read to you.)

    Elenca cinque cose che ti fai fare, seguendo l'esempio.

    ESEMPIO *Mi faccio lavare i capelli dal parrucchiere.*

Temi per componimento

    1. Analizzare la figura della madre di Battiloro usando esempi dal testo.

    2. Spiegare nel contesto del racconto la frase «ciò che i soldati soffrono nelle ore grandi della guerra non può essere spartito con gli altri uomini, una barriera misteriosa separerà gli altri per sempre».

3. Scrivere una recensione di un film di guerra visto recentemente, commentando le attitudini verso la guerra suggerite dal film.

4. Fare una ricerca introduttiva sull'esperienza dell'Italia nella seconda guerra mondiale, limitando il discorso a uno dei seguenti temi: le ragioni per cui l'Italia è entrata nella guerra; l'alleanza tra l'Italia e gli Stati Uniti; i partigiani; le condizioni sociali ed economiche dell'Italia del dopoguerra; le tendenze politiche in Italia dal 1945 al 1950.

Tema per dibattito

La guerra è un fatto inevitabile della vita umana.

Alberto Moravia

PERDIPIEDE

Alberto Moravia
[1907–]

*A*lberto Moravia (pseudonym for Alberto Pincherle) is perhaps the most widely recognized contemporary Italian author. His more than thirty volumes of novels, plays, short stories, critical essays, and travel notes on foreign countries have earned him critical acclaim in Italy and abroad. The Roman author has received several of the most prestigious literary awards, including the Strega Prize in 1952 for *I racconti*, the Marzotto Prize in 1954 for *Racconti romani*, and the Viareggio in 1961 for his novel *La noia*.

Moravia contributed short fiction and articles to a number of journalistic and literary publications in the early 1920's. However, following the publication of *Gli indifferenti* in 1929 (a bleak portrait of the upper middle class in which the characters are incapable of achieving committed belief or action) and the sequestration of *La mascherata* (1941), the State curtailed Moravia's collaboration with such dailies as *Il Giornale d'Italia*, *La Stampa*, and *La Gazzetta del Popolo*. No longer able to publish articles under his own name, which had come to represent anti-Fascism, he adopted the by-line *Pseudo*. Soon after, he was prohibited from working with newspapers in any capacity. An anti-Fascist intellectual of Jewish heritage, Moravia was forced to flee Rome in 1943 in order to avoid arrest.

In 1944 Moravia was able to return to Rome, where he continues to reside, and began a period of concentrated journalistic activity, contributing to *Il Mondo*, *L'Europa*, and the *Corriere della Sera*. He has published more than 150 short stories on the *Corriere*'s **terza pagina,** many of which appear in the volumes *Racconti romani* (1954) and *L'automa* (1963). These short-story collections indicate the author's dual thematic focus: the condition of ethical, emotional, and spiritual inertia, perceived as symptomatic of upper middle class existence, and the harsh yet engaged existence of the lower class. Such themes recur in several well-known novels, including *Agostino* (1944) and *Il conformista* (1951).

«Perdipiede» typifies the thematic and stylistic qualities that characterize the short fiction Moravia published on the **terza pagina** in the forties and fifties, when literature and the visual arts reflected a compelling interest in representing the harsh realities of daily existence. Neorealism encompasses varied tendencies in content and form. The most fundamental thematic interests include the Italian experience of Fascism and the Second World War, the resistance movement, and the meager substance of proletarian existence. Within their stylistic diversity, authors prevalently use third-person narrative and eyewitness accounts to create a frank picture of social conditions and events. Moravia's first-person narrator in **«Perdipiede»** is one of his many storytellers who create a colorful picture of the working class, the shrewd ruffians, and the unemployed of Rome. Forced to eke out a living by expedients, the characters frequently fail to overcome material adversity, yet they possess such life-promoting qualities as emotional vitality, imagination, and artful cleverness. In order to create a seemingly unmediated expression of the characters' daily life, Moravia instills in his narrative style a conversational quality through the use of popular images, proverbs, and colloquial expressions, which is a recurring technique in neorealistic fiction and film. You will note, for example, Moravia's use of the pronoun **ci** with the verb **avere,** in cases where it does not contribute to the sentence's meaning, but reflects colloquial usage: **«non ci hai il mento»** (you don't have a chin) or **«ci avevo da fare»** (I had things to do).

Preparazione alla lettura

A. *Ecco la prima frase del racconto:* «*Ho cominciato a perdere piede* (lose ground) *subito, appena nato, per via del mio viso che manca completamente di mento*». *Il narratore che parla, chiamato Perdipiede, è un giovane disoccupato* (unemployed) *e povero. In base a questa prima frase, cercare di indovinare quello che farà il narratore nel racconto.*

B. *Dividere le seguenti parole mettendo nella Colonna* **A** *la parola indicante* **la persona** *che fa un certo tipo di lavoro, e nella Colonna* **B** *la parola indicante* **il posto** *dove lavora.*

	A	**B**
ESEMPIO	**la persona**	**il posto**
	profumiere	*profumeria*

1. negozio	**8.** macelleria
2. meccanico	**9.** negoziante
3. oste	**10.** bottegaio
4. farmacista	**11.** farmacia
5. bar	**12.** macellaio
6. bottega	**13.** barista
7. osteria	**14.** officina meccanica

C. *Per i seguenti verbi al passato remoto, fornire il pronome personale e poi l'infinito.*

ESEMPIO persi
    io
    perdere

1. feci	**6.** afferrò
2. trovai	**7.** aggiunsero
3. ebbero	**8.** mi ricordai
4. diede	**9.** sentii
5. dissi	**10.** trattennero

D. *Mettere le seguenti frasi in ordine cronologico, secondo il contesto, e scrivere in una frase una conclusione ipotetica.*

    1. Continuai a perdere piede *(fall behind)* restando orfano a tredici anni.
    2. Ho cominciato a perdere piede subito, appena nato, per via del mio viso che manca completamente di mento *(chin)*.

3. Un anno fa trovai un lavoro e finalmente avevo qualche soldo in tasca.

4. Io e il concorrente lottammo un momento. Io allora persi del tutto la testa: avevo un coltellino in tasca, lo strinsi, mi slanciai *(hurled myself)* su di lui, gridando: «Tu devi andartene, hai capito? ...devi andartene».

5. Quei giovanotti mi ripetevano che era arrivato il concorrente e che dovevo stare attento, altrimenti lui mi portava via la posizione.

6. Conclusione:

E. *Leggere il seguente racconto prendendo appunti sulle caratteristiche del narratore, sulla descrizione della sua vita, e sul concetto della concorrenza* (competition) *nel mondo commerciale.*

Perdipiede[1]

*H*o cominciato a perdere piede° subito, appena nato,
per via del mio viso che manca completamente di mento.
Non è una parte importante del viso il mento, meno
importante assai del naso o degli occhi, ma se vi manca,
non so perchè, tutti vi prendono per scemo.° Basta,
continuai a perdere piede restando orfano a tredici anni,
e poi ne persi ancora andando a stare con una mia zia
contadina in Ciociaria° dove mi ero ridotto a vivere come
una bestia, e poi ancora restando un giorno e una notte
sotto le rovine della casa quando fu bombardata. Quindi
guerra, tedeschi, alleati, fame, dopoguerra, borsanera,°
scatolette:° non feci che perdere piede. Eh, se la vita è
fatta a scale, come dice il proverbio, e c'è chi le scende
e c'è chi le sale, io, queste scale della vita, non ho fatto
che scenderle, sempre per colpa di° quel mento che non
c'era e avrebbe dovuto esserci. Le ho discese a tal punto
che, quando un anno fa trovai da dormire presso un
portiere° del centro di Roma e poi incominciai a campare°
metà di elemosine° e metà di servizietti in quella stessa
strada dove era la portineria, mi sembrò di salire, per la
prima volta da quando ero nato. Non ci crederete, ma fu
proprio la mancanza del mento a salvarmi: quella era una
strada di grossi negozi di alimentari, come dire pizzi-
cherie,° bottiglierie,° vapoforni,° macellerie, drogherie,
norcinerie[2], e tutti quei negozianti pieni di clienti avevano
bisogno di qualcuno che portasse pacchi, ritirasse vuoti,
andasse qua e là per commissioni. Vedendomi senza
mento ma robusto quei bottegai ebbero compassione di
me:° e così, ora con uno ora con un altro, mi feci parecchie
poste e potei contare su un buon numero di mance.
C'erano anche, nella strada, tre o quattro tra osterie e
trattorie, e anche gli osti, sempre per compassione del
mento, mi davano ogni tanto una minestra. Avevo una
camicia militare e un paio di pantaloni con le ginocchia
rattoppate;° qualcuno mi diede una giacca con i gomiti
sfondati° ma per il resto ancora buona; qualcun altro un

perdere... *lose ground*

imbecille

*mountainous region
near Rome*

black market
little cans (of meat)

per... *the fault of*

*building superintend-
ent/***vivere
handouts

*delicatessens/liquor
stores/***panifici**

ebbero... *took pity on
me*

patched

rotti

---

[1] **Perdipiede** espressione romanesca che indica chi non conclude
niente

[2] **norcinerie** negozi in cui si vende solo carne di maiale

paio di scarpe basse. Insomma, come mi dissi dopo un mese, ormai non perdevo più piede, anzi, decisamente, ingranavo.°   *(lit.) I was getting into gear*

Una strada la gente la percorre in macchina o a piedi e gli sembra una strada come tutte le altre; ma a viverci, come facevo io, senza mai uscirne, dalla mattina alla sera, una strada è un mondo che non si finisce mai di approfondire.° In quella strada in cui conoscevo perfino   **studiare a fondo**
i gatti, c'erano quelli che mi volevano bene, c'erano quelli che non mi volevano nè bene nè male, e c'erano quelli che mi volevano male. I negozianti e gli osti mi volevano bene perchè ero servizievole° e alla mano:° il barbiere, la   *obliging*/**alla...** *easy going*
merciaia[3], la fruttivendola, il profumiere, il farmacista e tanti altri non mi volevano nè bene nè male perchè io non avevo bisogno di loro e loro non avevano bisogno di me; finalmente un gruppetto di giovanotti che si davano appuntamento al bar della torrefazione° mi volevano   *coffee house*
proprio male. Erano tutti sportivi che passavano il tempo ad accapigliarsi° per le squadre di pallone e per le corse   **litigare**
in bicicletta, e si vede che lo sport rende gli uomini cattivi, facendoli parteggiare per° il più forte e odiare il più   **parteggiare...** *to side with*
debole. Io ero il più debole e loro, appena entravo nella torrefazione, mi prendevano di mira[4] coi nomignoli° e con   *nicknames*
le canzonature.° Mi chiamavano Perdipiede perchè un   *mockery*
giorno, avendomi fatto bere all'osteria, mi ero lasciato andare a spiegare come, dalla nascita, non avessi fatto che perdere piede; mi davano delle commissioni finte;°   **false**
mi domandavano, canzonando: —Perdipiede, hai perduto ancora piede?— Oppure mi consigliavano, seri: —Guarda, per il tuo bene, dovresti farti crescere la barba... così nessuno più si accorgerebbe che non ci hai il mento.— Consiglio perfido,° perchè la barba, chissà perchè, io non   *wicked*
ce l'ho. Appena qualche pelo lungo e molle,° ma niente   *soft*
barba.

Ma nonostante questi giovanotti senza cuore, io come ho detto, ingranavo, ossia riuscivo a campare. Anzi, vedendomi per la prima volta in vita mia vestito e nutrito, con un letto e un tetto, e persino con qualche soldo in saccoccia[5], mi meravigliavo e quasi non ci credevo e mi

---

[3] **la merciaia**   venditrice di articoli, come bottoni, aghi, maglie, calze, eccetera

[4] **prendere di mira**   espressione idiomatica: *to make someone the target of one's attacks*

[5] **saccoccia**   parola dialettale che significa **tasca**

ripetevo: —Facciamo corna[6]... ma vuoi vedere che non dura... facciamo corna.—

Non durò infatti. Una mattina, d'estate, entrando nella torrefazione per rilevare una cassetta di lattine di petrolio° da portare a un cliente, notai che quel solito gruppetto degli sportivi avevano qualche cosa che li interessava, stando tutti in piedi, in cerchio, in fondo alla bottega. Dignitoso, però, mi avviai al banco, fingendo di ignorarli. Ma loro mi avevano visto e mi chiamarono: —Ahò, Perdipiede, vieni un po' qui... guarda chi c'è.— Non volevo dargli retta,° ma qualcuno mi afferrò per un braccio e dovetti arrendermi.° Dunque, in fondo alla bottega, seduto su una seggiola, contro una piramide di rotoli di carta igienica, c'era un uomo che si tirava i capelli, si dava pugni in testa e piangeva. Era vestito di un paio di pantaloni di velluto e di una canottiera° sbracciata. Piangeva e gemeva,° ma si tirava i capelli e si dava pugni in testa con una sola mano, perchè era monco° e al posto della mano ci aveva una cosa rotonda e liscia simile ad un piccolo ginocchio. Poi alzò il viso, che era nero di barba e tutto schiacciato, e vidi che era anche guercio;° ma l'altro occhio valeva per due, vivo, scintillante, pieno di malizia. Quei giovanotti mi spiegarono che era un disgraziato più disgraziato di me: non soltanto orfano, non soltanto sinistrato,° non soltanto sfollato,° non soltanto monco, non soltanto guercio ma anche sciancato.° E aggiunsero che lui era il mio concorrente,° ormai, perchè aveva già trovato da dormire in un sottoscala, in quella stessa strada, e avrebbe campato di servizi come me, e insomma, era venuto per spiantarmi.° —A te manca soltanto il mento e magari un pezzo di cervello,—disse uno di loro,—ma a lui mancano una mano, un occhio e perfino è sciancato... sei battuto,° Perdipiede.— Io dissi che ci avevo da fare e feci per ritirarmi. Ma quelli mi trattennero, dicendo che dovevamo stringerci la mano, visto che eravamo i due più disgraziati della strada. Così ci stringemmo la mano; e poi il monco, che era un furbo di tre cotte,° ricominciò la commedia strappandosi i capelli, dandosi il pugno in testa e gridando:—Lasciatemi... non voglio più vivere... voglio morire... vado a buttarmi a Tevere... sicuro... a Tevere vado a buttarmi.— Insomma mi toccò° assistere ad una scena così finta che mi veniva da vomitare. Tanto che dissi, alla fine: —No, tu a Tevere

lattine... *gasoline cans*

dargli... dargli ascolto, fargli attenzione *give in*

undershirt
was moaning
one-handed

one-eyed (also cross-eyed)

vittima/senza casa *crippled* **competitore**

rovinarmi

beaten

un... (fig.) sly devil

mi... ero obbligato ad

---

[6] **fare le corna**   espressione italiana simile al detto americano *to knock on wood*

non ti ci butti... sta' tranquillo... te lo dico io.— Lui mi
guardò con quel suo solo occhio e gridò: —Ah, non mi ci
butto... ora vedi... io ci vado adesso, subito.— E fece il
gesto di alzarsi e uscire per andare al Tevere che, infatti,
non era lontano. Morale: lo trattennero, gli diedero qualche
soldo, e poi, quando andai al banco e dissi: —Beh, quelle
lattine— mi sentii rispondere: —Perdipiede, abbi pazienza... quelle lattine oggi le facciamo portare a lui che
è tanto più disgraziato di te... Un po' per uno° non fa male   **per...** *to each one*
a nessuno.— Insomma, lui, dopo un momento, si asciugò
le lagrime, acchiappò con una sola mano la cassetta delle
lattine, se la fece volare sulla spalla e, arrancando° con   *hobbling*
la gamba più corta, tutto arzillo,° uscì dalla torrefazione.   **agile**
E io rimasi a mani vuote, con quei giovanotti che mi
canzonavano ripetendomi che era arrivato il concorrente
e che dovevo stare attento, altrimenti lui mi soffiava° la   (fig.) **portava via**
posizione.

    Loro scherzavano, e invece era la verità. Col fatto
di essere monco, guercio e sciancato, di dare in smanie
e piangere e darsi il pugno in testa ad ogni occasione,
quella canaglia° di Bettolino[7] (così lo chiamavano perchè   *scoundrel*
gli piaceva alzare il gomito° e le sere le passava all'osteria),   **alzare...** (fig.) **bere**
fece presto a soffiarmi parecchie poste. Entravo in questo
o quel negozio, mi presentavo per il solito pacco, per la
solita commissione e mi sentivo dire: —Abbiamo incari-
cato Bettolino... abbi pazienza... ha più bisogno di te... sarà
per un'altra volta.— Così andai avanti un mese e più,
sempre sentendomi dire: —Bettolino ha più bisogno di
te... abbi pazienza.— Pazienza ce n'avevo, ma capivo che
non poteva andare avanti in questo modo; Bettolino,
sempre piangendo e dandosi il pugno in testa e dicendo
che voleva buttarsi a Tevere, avanzava; e io, di nuovo
come prima, peggio di prima, perdevo piede. Finalmente,
la goccia che fece traboccare il vaso[8] fu la risposta che
mi diede quello del vapoforno, un giorno che mi rivolsi a
lui per una commissione: —Senti, Perdipiede, mi pare
che tu stia esagerando... sei forte, sei giovane, sei svelto,
perchè non ti cerchi un lavoro normale?... Bettolino,
capisco, gli manca una mano, un occhio ed è sciancato...
ma tu, non ti manca niente, perchè non vai a lavorare?—
Che potevo rispondere? Che mi mancava il mento? Ma

---

[7] **Bettolino** diminutivo di **Bettola** che indica un'osteria di basso
livello (*a dive*)

[8] **la goccia che fece traboccare il vaso** espressione simile a quella
inglese *the straw that broke the camel's back*

con il mento non si lavora. Non dissi nulla, ma da quel giorno capii che in quella strada ormai non c'era posto per tutti e due: o io o lui.

Una di quelle mattine, mi ricordai che c'era una cassetta di bottiglie di acqua minerale da portare ad un cliente; e che per una combinazione° Bettolino quella stessa commissione l'aveva fatta il giorno prima, così oggi toccava a me.° Andai dunque di filato° alla cassa della torrefazione e dissi al padrone: —Sono venuto per quelle bottiglie.— Il padrone stava facendo i conti e non mi rispose subito: poi, senza alzare la testa, gridò: —Dategli un po' quelle bottiglie.— Ma il garzone del bar rispose: —Le abbiamo già date a Bettolino... Perdipiede, sei venuto in ritardo e l'abbiamo date a lui... credevamo che tu non venissi più.— —Ma se è presto..., — incominciai smarrito° e già furente.° —Beh, lui è venuto prima di te, non so che farci.— Domandai: —È un pezzo che è uscito?— —No, sarà un momento.— Dissi: —Ora l'aggiusto io,— e uscii dalla bottega. Dovevo avere un viso sconvolto, perchè quei soliti giovanotti dello sport, che avevano assistito alla scena, mi seguirono in massa nella strada. Bettolino, infatti, arrancava cinquanta metri più in là, sul marciapiede, la cassetta delle bottiglie sulla spalla. Lo raggiunsi di corsa, gli acchiappai il braccio con il quale reggeva la cassetta e gli dissi ansimante: —Metti giù queste bottiglie... oggi tocca a me.— Lui si voltò e disse: —Ma che, sei scemo?— aggressivo. —Ti dico di mettere giù quelle bottiglie.— —Ma tu chi sei?°— —Sono uno che se non le metti giù ti fa passare la voglia di campare.— —Ma chi lo dice?°— —Lo dico io.— Insomma, lottammo un momento e poi io gli diedi uno strattone° e la cassetta cascò per terra e le bottiglie si sfasciarono allagando° il marciapiede di acqua minerale. Lui, subito, ipocrita, cominciò ad urlare, rivolto agli sportivi che ci avevano seguiti e ora ci circondavano: —Siete tutti testimoni... le bottiglie le ha sfasciate lui... siete tutti testimoni.— Io allora persi del tutto la testa: avevo un coltellino in tasca, lo strinsi, mi slanciai° su di lui, l'agguantai° al petto e feci per menare, gridando: —Tu devi andartene, hai capito?... devi andartene.— La gente strillò vedendo il coltello, qualcuno mi acchiappò il polso storcendolo,° il coltello cascò in terra, un ragazzino, svelto, lo raccolse. Intanto Bettolino urlava, saltando qua e là: —Mi vuole ammazzare, aiuto... mi vuole ammazzare;— ma poi, vedendo che mi trattenevano, e che non c'era pericolo per lui, da vero vigliacco° mi tirò un colpo in faccia, duro come una

per... by chance

toccava... *it was my turn*/**di...** rapidamente

confuso

furioso

Ma... *Who do you think you are?*

Ma... *Says who?*

shove

flooding

mi... *hurled myself*/presi

twisting it

coward

sassata, con l'osso del braccio monco. A questo colpo, cacciai un muggito,° mi svincolai e mi gettai su di lui. Ma lui, con tutto che° fosse zoppo,° era svelto e si nascondeva ora dietro uno ora dietro un altro di quei giovanotti, sempre gridando che volevo ammazzarlo; e io gli correvo dietro e ormai vedevo rosso ed ero come un toro che corre qua e là dando cornate e la gente scappa dove può e il toro le cornate le dà nell'aria. Correvo, e la folla si apriva, e poi si riuniva di nuovo, e Bettolino sempre mi sfuggiva. Finalmente un certo Renato, il più forte del gruppo degli sportivi, mi agguantò per le due braccia dicendo: —Piantala° e stai fermo.— Bisogna dire che ce l'avessi con lui° almeno quanto ce l'avevo con Bettolino, perchè mi voltai e gli diedi un pugno in faccia. Questo pugno mi perdette. Ne ricevetti subito uno che mi fece ruzzolare° in terra e, quando mi rialzai, mi sentii prendere per il braccio da un agente. Mi trascinarono via che perdevo sangue dal naso, con un codazzo° di gente che ci seguiva, con Bettolino che da lontano continuava a gridare che avevo voluto ammazzarlo. Il coltello fu ritrovato e così mi condannarono. Quando uscii di prigione capii che con Bettolino avevo perduto piede definitivamente; e non mi feci più vedere in quella strada. Chi perde piede, non lo rimette dove l'ha perduto.

cacciai... *let out a roar*
con... benchè/*lame*

Knock if off
ce... *I had it in for him*

tumble down

corteo disordinato

Alberto Moravia
tratto da *Corriere della Sera*
10 agosto 1952

Esercizi

Domande

1. Secondo te, quali aggettivi descrivono il tono della narrazione di «**Perdi-piede**»?
2. Com'è il rapporto che il narratore stabilisce con te come lettore?
3. Descrivere le avversità che il narratore deve affrontare durante la sua adolescenza.
4. Quando comincia a migliorare le proprie condizioni il narratore?
5. Perchè il barbiere e la fruttivendola, per esempio, sono indifferenti a Perdipiede?
6. Perchè Bettolino rappresenta un pericolo per Perdipiede?
7. Quali strategie usa Bettolino per togliere il lavoro al narratore?
8. Dare un riassunto della conclusione dello scontro fra Perdipiede e Bettolino.
9. Perchè il narratore non ritorna nella strada in cui ha lavorato?

Conversazione

1. Il narratore dice che perde piede perchè gli manca il mento. Secondo te, quale caratteristica del narratore è rivelata da questa spiegazione?
2. Che cosa pensi del narratore?
3. Spiegare il significato di «perdere piede» e «ingranare» nel contesto delle condizioni del narratore.
4. Descrivere il concetto di concorrenza illustrato dal racconto, e la sua importanza nella società descritta da Moravia.
5. Commentare l'importanza della concorrenza nella società americana.
6. Conosci qualche personaggio (della politica, del cinema, ecc.) che recentemente ha sceso o ha salito «le scale della vita»?

Esercizi di grammatica e di lessico

A. *Rispondere alle domande seguenti usando i pronomi appropriati.*

> **ESEMPIO** Il professore vi ha parlato del dopoguerra?
> *Sì, ce ne ha parlato.*

1. Vi ha dato lo sconto il negoziante?
2. Hai comprato quelle scarpe al mercato all'aperto?

3. Mi aspetti alla fermata dell'autobus?

4. Ha lasciato Lei la mancia al cameriere?

5. Ti farai tingere i capelli dalla parrucchiera?

6. La cassiera vi ha dato lo scontrino quando avete pagato i panini?

7. L'oste ha suggerito il pollo arrosto e le patate a Gabriella e Luisa?

8. Potete comprare dei fagiolini dal fruttivendolo?

B. *Hai diverse cose da fare oggi: devi comprare lo shampoo e il dentifricio, il pane, la frutta e l'insalata, una bistecca, del vino; vuoi anche farti tagliare i capelli. Descrivi in un paragrafo come passerai la mattina, specificando dove andrai.*

C. *Completare le frasi seguenti con l'espressione appropriata, mettendo i verbi nella forma corretta.*

avere bisogno di	per combinazione
dare retta	avere compassione di
volersi bene	darsi appuntamento

1. Quando abbiamo saputo che il ragazzo non aveva nè casa nè lavoro _____ lui, e gli abbiamo offerto il pranzo.

2. Flavia non si aspettava di trovare facilmente un impiego nel suo campo, ma _____ l'ha trovato subito.

3. Claudio e Giulia si sposeranno fra tre settimane perchè _____.

4. La signora Crespi va dal meccanico perchè _____ fare aggiustare la macchina.

5. Quando i ragazzi si sono salutati, _____ al bar per il giorno seguente.

6. Giacomo pensa di avere sempre ragione e non _____ a nessuno.

D. *In base al racconto* «**Perdipiede**», *completare le seguenti frasi usando* **più** *o* **meno + di** *(con l'articolo quando sia necessario),* **che,** *o* **di quel che.**

ESEMPIO *Bettolino è più agile di quel che pensano gli altri.*

1. Secondo il narratore, il mento è _____ importante _____ occhi.

2. Perdipiede è _____ servizievole _____ forte.

3. Il narratore piace _____ agli osti _____ alla merciaia.

4. I giovanotti sono _____ sportivi _____ lui.

5. Bettolino ha avuto _____ disgrazie _____ narratore.

6. Perdipiede è _____ furbo _____ Bettolino.

7. Perdipiede è _____ sfortunato _____ pensa.

8. Il racconto «**Perdipiede**» è _____ comico _____ tragico.

Temi per componimento

1. Descrivere la vita americana in base al proverbio «La vita è fatta a scale; c'è chi le scende e c'è chi le sale».
2. Scrivere in prima persona una breve narrazione di un(a) disgraziato(a), iniziando con «Ho cominciato a perdere piede...»
3. Scrivere in forma di dialogo un'altra scena tra Bettolino e Perdipiede da presentare alla classe.

Indro Montanelli

I PANTALONI DI ALBERTO SORDI

Indro Montanelli

[1909–]

*I*ndro Montanelli has enjoyed a long and distinguished career as a journalist. For many years he was a correspondent with the *Corriere della Sera*, and in 1974 he became editor of the daily newspaper *Il Giornale*.

As the primary orientation of the **terza pagina** shifted from **divulgazione letteraria** to **divulgazione culturale** during the postwar years, Montanelli and other social commentators made a notable contribution to the public's formation of ideas with their articles on topical issues and events of sociocultural importance. From the 1940's through the 1960's, Montanelli regularly published short fiction and articles on the third page of the *Corriere*. His memorable *Incontri* described personal perceptions of major figures in Italian culture, and his articles entitled *I protagonisti* narrated Italian political life during the fifties. In 1955 Montanelli wrote several articles that focused on the state of affairs between Italy and the United States. The essay here reprinted, **«I pantaloni di Alberto Sordi»**, presents the author's personal vision of the American influence on Italian culture.

The encounter between American and Italian culture that concerns Montanelli actually occurred in two distinct phases. Beginning around 1930, the works of many American writers, both "classic" and contemporary (including Melville, Whitman, Poe, Faulkner, and Steinbeck) were translated into Italian. At the end of the first decade of Fascist rule, which had a stifling effect on literary creativity, Italian intellectuals discovered in American literature a breath of fresh air and a new sense of hope.

The second wave of the American "invasion," which came after World War II, involved the introduction of consumer goods into Italy. It is this aspect of the Americanization of Italy that particularly concerns Montanelli, for whom products such as chewing gum, the dishwasher, and the bikini represent Italy's passive acceptance of American values.

In addition to a six-volume collection of the *Incontri* articles that first appeared in the *Corriere*, Montanelli has published novels, plays, and a widely-read series of historical works written for the general reading public. These include *Storia dei Greci, Storia di Roma*, and *Storia d'Italia*, a multivolume series of works (some co-authored) on various periods of Italian history.

Preparazione alla lettura

A. *Secondo te, com'è l'immagine stereotipica che gli italiani o altri stranieri hanno degli americani?*

B. *Descrivere lo stereotipo di un «tipico italiano» notando delle caratteristiche fisiche e personali come il modo di vestirsi, eccetera.*

C. *Secondo te, qual è un argomento che dovrebbe essere trattato in un articolo sull'influsso della società americana sugli italiani? (Per esempio, la musica, la moda, ecc.)*

D. *Dare un sinonimo, o una definizione, delle parole sottolineate nelle seguenti frasi.*

    1. Eugenio si è messo un abito nuovo per l'intervista perchè voleva fare una bella figura.

    2. Il critico deve giudicare un'opera d'arte con un certo distacco.

    3. Luisa cerca di non far male a nessun animale, neanche di schiacciare una formica col piede.

    4. La sua malattia è così grave che Roberto deve subire un'operazione domani.

    5. Filippo è un ragazzo basso e grosso, mentre il suo amico Pietro è alto e slanciato.

E. *Il suffisso* **-ismo** *(sempre maschile singolare) corrisponde a quello inglese* -ism, *e indica una dottrina o tendenza generalmente culturale, politica o artistica. Cambiare le parole sottoelencate, seguendo l'esempio.*

    ESEMPI naturale
               naturalismo

              femmina
              femminismo

    1. materiale   **5.** coloniale
    2. sindacale   **6.** romantico
    3. classico   **7.** sociale
    4. provinciale   **8.** americano

F. *Leggere l'articolo prendendo appunti sui seguenti argomenti: i motivi per cui gli stranieri imitano gli americani; il lato negativo dell'influsso americano; il motivo per cui quelli che imitano l'America in fondo la odiano.*

I pantaloni di Alberto Sordi

Non so se in America abbiano importato i film italiani in cui Alberto Sordi[1] «fa»° l'americano. E mi domando che effetto vi hanno provocato. Avranno riconosciuto laggiù, se non il proprio ritratto, la propria caricatura, in quella macchietta° che mastica *chewing-gum* e porta pantaloni con le cuciture di fuori?°

Credo di no. L'America autentica è più lontana da quella che immaginano i registi e gli attori di Cinecittà[2] di quanto non sia lontana dall'autentica Italia quella che immaginano gli attori e i registi di Hollywood; ed è tutto dire.° E tuttavia qualcosa di vero nella parodia di Sordi c'è: non è l'America, no; è l'americanismo: fenomeno che gli americani avrebbero gran torto di prendere sotto-gamba.°

Dell'americanismo è difficile definire l'essenza e precisare i contorni.° Ma, all'incirca, mi pare che si possa dare questo nome alla grossolana° imitazione delle mani-festazioni americane più appariscenti e quindi più false. Certo, quando l'America mandò i suoi *boys* a liberare i nostri paesi dall'occupazione tedesca e poi si mise in testa di redimerli dai loro vizi e di iniziarli a un *way of life* libero e democratico, non s'immaginava punto° che della lezione noialtri avremmo ritenuto soltanto i pantaloni con le cuciture di fuori, il *chewing-gum*, il *whisky*, l'*O.K.*, il *frigidaire*, il lavapiatti automatico e il *bikini*. Poco esperta di conquiste, essa credeva probabilmente che di simili deteriori° scopiazzamenti° fossero capaci soltanto i selvaggi pellirosse,° quando si trovarono a contatto della superiore civiltà bianca. Quella nostra, solida e antica, l'America prevedeva che avrebbe saputo distinguere fra il buono da imitare e il cattivo da respingere.°

Purtroppo non è così. Checchè si blateri° in Europa di «valori spirituali», di «tradizione umanistica» eccetera, nulla resiste al sopruso° militare. La potenza è più persuasiva di qualunque argomento. E il modo con cui l'America, più che vincere, «schiacciò»° il nemico nel '45,

plays

persona stravagante
pantaloni... *pants with top-stitched seams* (as in *jeans*)

è... *enough said*

prendere... *take lightly*

margini
volgare

per niente

inferiori/imitazioni
(n.m., sing.) **pellirossa** *or* **pellerossa**

reject
Checchè... *No matter what may be blathered*
prepotenza

crushed

---

[1] **Alberto Sordi**   uno dei più famosi attori comico-drammatici del cinema italiano del dopoguerra

[2] **Cinecittà**   situata fuori Roma; è il centro dell'industria cinemato-grafica italiana, l'equivalente italiano di Hollywood

ci consegnò nelle sue mani indifesi, nonostante tutti i nostri Michelangeli e Leonardi, come altrettanti zulù. Lo dimostra la supina passività con cui dall'America abbiamo accettato proprio quei «valori spirituali» cui avremmo dovuto contrapporre i nostri, orgogliosamente onusti° di gloria, di secoli e di esperienza. In letteratura, per esempio. Dove non ci siamo limitati a massicce° traduzioni di libri loro; ma ci siamo dati° a scriverne in una lingua che è già americano tradotto in quella nostra. Non conosco un solo autore italiano che non pensi, componendo un romanzo, all'editore americano e non si preoccupi di adattarlo al suo gusto. Salvo, si capisce, a ritirare in ballo° Leonardo e Michelangelo, se l'affare non va. Ma solo in questo caso.

    Potrei citare altri infiniti elementi di fatto a riprova di° quanto dico, e prima di tutto la lingua. A preoccuparsi di parlare inglese con l'accento di Oxford ormai non ci son rimasti che loro, gli americani, o almeno qualcuno fra loro. Noialtri preferiamo quello di Chicago. E non parliamo di quei campi nei quali avevamo effettivamente tutto, o molto, da imparare: quello tecnico, quello scientifico, quello industriale e organizzativo. Basta guardare per esempio cos'è diventata anche da noi la pubblicità, ch'è un ritrovato° tipicamente americano, e come l'intimo contatto con l'America abbia provocato il rapido invecchiamento perfino di certi credo° politici, come quello socialista, che, messo a confronto con la rivoluzione di Ford e col *New Deal*, ci appare un fenomeno di timido provincialismo.

    Ora, questa ventata° americana che ha investito° l'Europa produce effetti diversi secondo il diverso livello, intellettuale e morale, di chi la subisce. A Emilio Cecchi[3] essa pone un problema di cultura ch'egli risolve col suo abituale distacco° critico senza punto lasciarsene travolgere.° A Pietro Rondoni[4] essa offre un contributo per i suoi studi scientifici ch'erano già anche prima al livello di Harvard. Ma a Alberto Sordi, o per meglio dire al tipo di vitellone[5] di cui egli ci fa nei suoi film la parodia, la

covered (poet.)

abbondanti
ci... ci siamo dedicati

ritirare... discutere di nuovo

a... *as proof of*

invenzione

creeds, beliefs

wave (lit.) *gust of wind/*
colpito

disinteresse
lasciarsene... *letting himself be overwhelmed*

---

[3] **Emilio Cecchi** scrittore, saggista, e critico letterario (1884–1966). Fra le sue opere sono *Scrittori inglesi e americani* (1935) e *America amara* (1940), saggi su un suo viaggio negli Stati Uniti

[4] **Pietro Rondoni** patologo di fama internazionale per la sua ricerca su questioni immunologiche e sul meccanismo del cancro (1882–1956)

[5] **vitellone** un giovane pigro, poco serio. Alberto Sordi ebbe il suo primo successo nel film di Federico Fellini intitolato *I vitelloni* (1953), il quale tratta di 5 giovani fannulloni di provincia

ventata americana finisce nei pantaloni con la cucitura
di fuori. E siccome non soltanto in Italia, ma in Europa,
su dieci milioni di persone, nove milioni novecentonovan-
tanovemila novecentonovantotto sono Sordi, e due soli
sono Cecchi e Rondoni, ecco, a cosa si riduce, valutandolo
a peso e a cifre, l'influsso americano, e dove finisce: in
quelle natiche° rotonde e grassottelle gelatinosamente   *buttocks*
dondolanti sulle gambe corte, che, appunto perchè tali,
mal sopportano le strettoie° di quei pantaloni attillati,°   (lit.) *narrow spaces/*
inventati per una razza di uomini dalle gambe lunghe e   **stretti**
dai sederi asciutti.°   **magri**

Ecco l'americanismo. E gli americani, ripeto, avrebbero gran torto a non studiarne il pedestre esempio che
Sordi gliene offre con quella sua caricatura, in fondo, di
se stesso, e a non valutarne le conseguenze. Che sono
molto più gravi di quanto essi forse non immaginino.

Perchè tutte le antipatie che l'America raccoglie nel
mondo e anche in Italia, che forse di tutte è la nazione
che più l'ama e meno l'avversa,° le deve a queste sue   **oppone**
scimmie che non solo imitandola in quelle banali forme
la rendono ridicola come tutte le parodie, ma di quell'
avversione portano essi stessi lo stendardo. Prove? Quante
se ne vuole. Andate a parlare in America con uno
qualunque dei quaranta e più mila studenti stranieri che
l'America alleva°, i più con borse di studio, nelle sue   **fa crescere**
università, e particolarmente con quelli di cittadinanza
asiatica. Anch'essi, come Alberto Sordi, portano i pantaloni
con la cucitura di fuori, facendoci, come lui e per gli
stessi motivi, pessima figura. Ma odiano il Paese che dà
loro da mangiare e di che istruirsi, e, salvo rarissimi casi,
lo dimostrano appena tornano in patria, dove si mettono
subito di buzzo buono° a organizzare la «resistenza»   **di... con impegno**
contro i «soprusi» americani e a trescare° con tutte le   **complottare, cospirare**
sinistre più o meno filosovietiche[6]. Sempre parlando
inglese, si capisce, con l'accento di Chicago.

Il fatto è che, come dice Prezzolini[7], il quale questi
problemi li ha studiati sul vivo° e se ne intende, l'innesto° **sul...** *in depth/grafting*
di una civiltà sull'altra non avviene mai senza provocare
delle febbri come ne provocano certi vaccini a innestarli
sul corpo umano. E l'americanismo è proprio una di
queste febbri. Esse scoppiano tanto più violente quanto

---

[6] **le sinistre...**   i gruppi politici di sinistra di tendenza sovietica
[7] **Giuseppe Prezzolini**   (1882–1982) (vedi p. 12) fra le sue pubbli-
cazioni due volumi di impressioni di viaggio negli Stati Uniti, *America
in pantofole* (1950) e *America con gli stivali* (1954)

più fragile è l'organismo. E non per nulla infatti l'imitazione e l'odio dell'America si manifestano nelle persone e nei popoli più vicini agli zulù, voglio dire più sprovvisti° e indifesi.   *lacking*

Le ragioni per cui il tipo alla Sordi (il quale, bisogna dirlo a suo vanto,° lo rifà alla perfezione) odia il modello   **a...** *to his credit* che imita e di cui si vendica facendone sullo schermo la parodia non sono poi così difficili da capire. Sono lì, in quei tali pantaloni con la cucitura di fuori, ch'egli adottò con entusiasmo sperando di farci bella figura, e nei quali invece poi dovette accorgersi di farne una magrissima, anzi grassissima, con quei suoi fianchi allentati° e mollicci°   *flabby*/**morbidi** di ragazzo nostrano, domestico e mammaione,° cresciuto   *mama's boy* fra gonnelle, indulgenze e piagnistei.° Egli non sa per-   *whining* donare agli americani le loro gambe lunghe, lo scheletro snello, il cazzotto° duro e pronto. Per questo è «di sinistra»,   *punch* come il novanta per cento dei suoi colleghi, che in fondo si sono caricati di «messaggi sociali» e di «istanze anti-capitaliste» perchè non sono riusciti a diventare Gary Cooper nemmeno copiandone i pantaloni.

Gli americani non si sono mai resi conto del guaio che hanno combinato agli altri, ma soprattutto a se stessi, incoraggiando l'americanismo e provvedendone gratis i mezzi. Davvero essi credono di procurarsi delle simpatie diffondendo il *bikini* fra le ragazze di sedere basso e di petto abbondante che non possono non covarvi° dentro   *harbor* un complesso di inferiorità verso le slanciate° e agili   *slender* anglosassoni per le quali quel costume è stato inventato? Davvero essi pensano che basti far partecipi tutti del benessere° americano per indurli ad accettarne anche la   **ricchezza** pregiudiziale,° cioè il lavoro, la disciplina, il sacrificio?   *prerequisite*

Temo di sì. Essi continuano a cercare infatti i loro amici tra coloro che scrivono imitando Steinbeck e Faulk-ner, che ragionano in base alle statistiche dell'*Unesco* e aggiornano° la loro cultura su *Prospettive*.[8] E che portano   *bring up-to-date* i pantaloni con la cucitura di fuori. Non hanno ancora capito che sotto ogni imitazione cova° lo stesso odio che   *smolders* nella scimmia cova contro l'uomo.

Indro Montanelli
tratto da *Corriere della Sera*
6 maggio 1955

[8] **Prospettive**   periodico di letteratura ed arte, pubblicato a Roma fra il 1937 e il 1943, aperto alle esperienze delle avanguardie europee

Esercizi

Domande

1. Spiegare le ragioni per cui gli italiani hanno adottato parole inglesi come *chewing gum, whiskey, frigidaire,* eccetera.
2. Come definisce «l'americanismo» Montanelli?
3. Perchè gli italiani, o almeno quelli come il personaggio rappresentato da Alberto Sordi, vogliono imitare gli americani?
4. Secondo Montanelli, perchè gli italiani non sanno distinguere fra il buono da imitare e il cattivo da respingere della civiltà americana?
5. Secondo Montanelli, perchè i pantaloni con la cucitura di fuori non stanno bene agli italiani?
6. Perchè novanta per cento dei colleghi di Sordi (cioè, del suo personaggio) sono «di sinistra»?
8. Qual è una differenza fra i valori americani e quelli italiani identificati in questo articolo?

Conversazione

1. Interpretare l'immagine dei pantaloni di Alberto Sordi, spiegando il motivo per cui l'autore l'ha scelta per comunicare le sue idee.
2. Secondo l'autore, le antipatie che l'America raccoglie nel mondo le deve proprio a quelle persone che cercano di imitarla e finiscono per odiarla. Spiegare questa contraddizione apparente.
3. Secondo te, qual è l'atteggiamento di Montanelli verso gli italiani?
4. Montanelli scrive dell'influsso americano sulla vita italiana. Identificare alcuni esempi attuali dell'influsso italiano sulla vita americana.
5. Esprimi la tua opinione sulle possibilità di capire o assimilare un'altra cultura semplicemente imitando le sue usanze più evidenti.
6. In gruppi di tre o quattro persone discutete, facendo riferimento all'articolo, gli argomenti che avete identificato nell'Esercizio B della **Preparazione alla lettura.** Scegliete l'argomento più importante che Montanelli non ha sviluppato e presentatelo agli altri studenti spiegando le ragioni per cui è di particolare rilievo.

Esercizi di grammatica e di lessico

A. *Comporre delle frasi accoppiando le parole appropriate dalle Colonne* **A** *e* **B**.

> **ESEMPIO** saggista/scrivere/articolo
>
> > *Il saggista ha scritto diversi articoli interessanti per i giornali e le riviste.*

	A	**B**
1. attore	dipingere	poesia
2. traduttore	girare	ritratto
3. autore	recitare	romanzo
4. regista	scrivere	film
5. pittore	tradurre	ruolo

B. *Molte parole inglesi che terminano in* -tion *o* -ction *sono equivalenti a parole italiane* (di genere femminile) *che terminano in* **-zione** (imitation–**imitazione**, invention–**invenzione**, protection–**protezione**). *Scrivere cinque frasi adoperando parole di questo tipo.*

> **ESEMPIO** *L'America mandò i suoi* boys *a liberare i nostri paesi dall'occupazione tedesca.*

C. *Provare a spiegare, in italiano, il significato delle seguenti parole.*

1. i registi
2. la caricatura
3. la borsa di studio

4. la pubblicità
5. il provincialismo
6. i parassiti

D. *Scrivere delle frasi adoperando le espressioni idiomatiche sottelencate.*

1. mettersi in testa
2. avere torto

3. fare una bella figura
4. rendersi conto di

Temi per componimento

1. Descrivi alcuni stereotipi di italiani o di italo-americani che hai visto in un film o in un programma televisivo. Interpreta l'influsso che queste rappresentazioni hanno sull'americano medio nel percepire gli italiani.

2. Cercare in una rivista italiana degli annunci pubblicitari che adoperano parole o espressioni in inglese e spiegare il motivo per cui l'inglese viene adoperato in quel contesto.

3. Comporre un breve articolo in stile giornalistico sull'influsso italiano nella cultura americana.

Dino Buzzati

IL RAZZO LUNARE

Dino Buzzati
[1906–1972]

*T*hough neorealism was perhaps the dominant narrative trend on the **terza pagina** during the postwar years, many authors returned to imaginative fiction in order to capture the seemingly bizarre dimensions of reality suggested by nuclear testing, political assassinations, artifical insemination, kidnappings, and UFO sightings. Dino Buzzati's short-story **elzeviro** «**Il razzo lunare**» illustrates the growing use of fantasy to interpret the unreal qualities and possibilities of contemporary existence, and also provides a notable example of this author's fantastical treatment of topical subjects and events. Published three weeks after the Soviets launched Sputnik II, the farce appeared as Buzzati's response to the ensuing space race. Exploring the catastrophic implications of scientific ventures, the story cautions those who trust that technological advances will improve the human condition. In a characteristic manner, the author's use of conversational expressions and constructions, of humor, and of fantastic events veils a significant ethical message.

Preparazione alla lettura

A. *Identificare alcuni aspetti produttivi o negativi del programma spaziale americano.*

Parole utili

astronauta (*s.m.*)

astronave (*s.f.*)

N.A.S.A. (Ente Nazionale Aeronautica e Spaziale)

razzo (*rocket*)

volo spaziale

astronautica (*s.f.*)

luna

pianeta

satellite (*s.m.*)

esplodere

lanciare

portare in orbita

B. *Accoppiare i verbi nella prima colonna con i nomi corrispondenti nella seconda e fornire l'articolo determinativo appropriato.*

ESEMPIO spaccare

spaccatura

la spaccatura

A	**B**
1. complottare	**a.** apertura
2. rompere	**b.** singhiozzo
3. sfidare	**c.** persuasione
4. esplodere	**d.** giuramento
5. calcolare	**e.** complotto
6. aprire	**f.** sfida
7. singhiozzare	**g.** rottura
8. giurare	**h.** calcolo
9. persuadere	**i.** esplosione

C. *Fornire il participio passato per i seguenti verbi.*

ESEMPIO dividere

diviso

1. nascere

2. disporre

3. combinare

4. giungere

5. esplodere

6. persuadere

7. ammettere

8. assorbire

9. estendere

10. spegnere

D. *Nel racconto fantastico «**Il razzo lunare**» il professor Holzschnitter cerca di mandare un razzo sulla Luna. Leggere il seguente brano, tratto dall'introduzione del racconto, e fare un'ipotesi degli eventi che potrebbero accadere dopo il lancio del razzo.*

La moglie Antonietta diceva al prof. Giovanni Holzschnitter, illustre astronomo:

«Giovanni, lascia stare i razzi. Come professore, tu sei un grosso testone (*real brain*), tutti lo riconoscono. Ma sei un disastro nelle cose pratiche. Dove metti le mani rompi.»

E. *Leggere il seguente racconto prendendo appunti riguardanti il rapporto tra Giovanni e Antonietta, le loro opinioni della scienza, e la visione del progresso scientifico creata dall'autore.*

Il razzo lunare

*L*a moglie Antonietta diceva al prof. Giovanni Holzschnitter, illustre astronomo:

—Giovanni, lascia stare i razzi!° Come professore,   *rockets*
tu sei un grosso testone,° tutti lo riconoscono. Ma sei un   **grosso...** *real brain*
disastro nelle cose pratiche. Dove metti le mani, rompi.
L'altro giorno hai voluto a tutti i costi aggiustarmi il ferro
da stiro.° Sai il risultato? Che ne ho dovuto comperare   **ferro...** *iron*
un altro. È inutile, tu non sei nato per le macchine. In
mezzo ai libri e ai calcoli un padreterno,° ma guai al cielo°   **un...** (fig.) *a god*/**guai...**
se esci di lì. Te lo ripeto: non impicciarti con° i razzi!   *heaven help us*
    impicciarti... *meddle*
    with

—I razzi, io? Ti sogni.

—Me l'ha detto la Teresa.

—La moglie di Walsrode?

—Sì.

—Quell'oca.° Che cosa vuoi che sappia?   *goose* (**persona stu-**
—La Teresa è sempre una lingua informatissima.   **pida**)

—E si può sapere cosa ha detto?

—Che tu stai trafficando coi missili. Che ti sei
intruppato° con una combriccola° di matti peggio di te e   **ti...** *ti sei messo/*
state complottando per fabbricare un razzo.   **gruppo**

—Io?

—Tu, sì. E mi ha anche detto, la Teresa, che c'è di
mezzo° suo marito. E che fate tutto in gran segreto, ma   **c'è...** *is mixed up in it*
l'altra sera, in una tasca della giacca di lui, ha trovato una
carta dove c'era scritto tutto. Ci ha messo poco a capire,°   **Ci... Ha capito subito**
la Teresa, è laureata lei, non è mica ignorante come me.

Holzschnitter chinò° il capo. —Brava donna, Anto-   *bowed*
nietta—pensò— e non male come femmina, mica per
niente° l'ho sposata. È buona, cucina bene, mi cura bene   **mica...** *it wasn't for*
le camicie, cura la casa a perfezione. Una moglie che mi   *nothing*
possono invidiare. Però che lagna.° Che lagna tremenda   **cosa noiosa**
quando ci si mette.°   **ci...** *butts in*

Lei continuava come un disco. —E anche lei, la
Teresa, è preoccupata, questa faccenda non le va niente
a fagiolo.° Per andare sulle stelle poi.   **non...** *doesn't please*
    her at all
—Macchè stelle. Per carità° Antonietta, che non ti   **Per...** *For heaven's*
sentano a dire queste baggianate.°   *sake*
    stupidaggini
—Sarà la Luna, o Marte, o Venere... Sempre stelle
sono, no?

—C'è qualche differenza—osservò l'astronomo paziente. In fondo, che la moglie fosse ignorante come un bue° non gli faceva un grande dispiacere.

ox

—Sì, tu prendimi in giro° perchè non so di° greco e di latino. Ma il buon senso c'è l'ho più di voi professoroni. E sai cosa ti dico?

prendimi... *make fun of me/***non...** *I don't know*

Lui timidamente: —Cosa?

—Che questa storia non mi piace. Anche padre Pungiglione lo diceva l'altro giorno in chiesa. Innalzarsi troppo, diceva, è sacrilegio. L'uomo non deve, mi ricordo proprio la frase, non deve oltrepassare i confini stabiliti dall'Onnipotente.° E spedire delle macchine su nel cielo, diceva, è come sfidare° la pazienza del Signore° che già ne deve sopportare° abbastanza da questo gregge° di bestiacce che noi siamo.

Dio

provocare/*Lord to put up with/flock*

—Oh, Antonietta, Antonietta,— rispondeva Holzschnitter con tutta la mansuetudine° di cui disponeva, — ma sei proprio sicura di aver capito bene quello che ha detto padre Pungiglione? È un professore della Università Cattolica, io lo conosco, mi sembra alquanto strano che...

docilità

—Allora non neghi—fece lei prendendo la palla al balzo.° —Allora è vero? Dunque tu stai lavorando per...?

prendendo... *seizing the opportunity*

—Ma no, ma no! Sono tutte fantasie, assolutamente.

—Lo giuri?°

swear

—Sì, sì,— fece Holzschnitter ai limiti dell'esasperazione.

—Lo giuro.

La moglie tacque, scrutandolo. Era poco persuasa. E chi le poteva togliere l'ultima parola?

—Tu Giovanni— disse, in tono solenne —sta' attento a quel che fai. Dopo tutto, non ti manca niente. Fai una vita tranquilla, le soddisfazioni non ti mancano, quest'anno ti hanno perfino nominato preside°, a quarantadue anni, non puoi veramente lamentarti. Poi hai una casa comoda, non sarà un palazzo da sultano, ma abbiamo tutto quello che ci occorre. Mettici° anche, ammesso che te ne importi, una moglie che ti vuole bene... (qui cambiò il registro della voce). Dunque, che smania ti viene adesso? I razzi, i razzi interplanetari! Ma non capisci che non son cose per te? Ricordati del ferro da stiro. Vuoi proprio metterti nei guai?°

dean

Add to that

metterti... *get yourself into trouble*

Il fatto è che la storia dei razzi era vera. Del razzo per essere precisi. Del razzo Holzschnitter battezzato appunto col nome dell'inventore, e che sarebbe arrivato sulla Luna.

Eccolo, anzi, l'illustre astronomo il cui nome stava per diventare famoso in tutto il mondo, in piedi alle cinque di notte nella sua specola,° attorniato° da colleghi, amici, collaboratori, giornalisti. Il razzo è in viaggio già da molte ore, tutto è andato secondo le previsioni, fra una trentina di minuti dovrebbe avvenire il fatidico° impatto. Nella zona d'ombra della Luna al ventiseiesimo giorno si dovrà vedere una fiammata;° contro le polverose rupi° del Cratere di Erodoto la testata° atomica del razzo esploderà accendendo per giunta una poderosa carica° di magnesio. Se i calcoli non sono errati, ben s'intende.° E sarà la gloria dell'uomo in genere, del prof. Giovanni Holzschnitter in particolare.

Nel frattempo, con un certo batticuore, egli sta pensando all'ogiva° che vola a quelle incredibili lontananze, già risucchiata,° è presumibile, dalla forza di gravità lunare, ma pensa contemporaneamente alla propria casa dove, assorbito dagli ultimi preparativi, non si è fatto più vedere da una settimana. Antonietta sarà ancora alzata anche lei, in palpiti,° con sparsi° intorno decine di giornali, le ultime edizioni straordinarie, e sulle prime pagine, il nome suo, Holzschnitter, campeggiante° in caratteri di scatola.°

Si sarà finalmente persuasa, quella benedetta donna, che suo marito è un genio? L'avrà finita finalmente di brontolare?° All'astronomo questo piccolo trionfo domestico sorride cento volte più dell'ormai sicuro premio Nobel.

È eterna, l'ultima mezz'ora. Ma anche l'ultima mezz'ora passa. Meno sessanta, meno cinquantanove... meno trenta... meno dieci... Tutti gli sguardi spasmodicamente fissi lassù, sulla zona d'ombra della vecchia Luna all'ultimo quarto.

Meno tre, meno due, meno uno... Zero!

Niente. Non succede niente. La zona d'ombra resta buia. Il razzo, anche se è giunto, non è esploso. Nessuno fiata. Possibile? I calcoli erano dunque sbagliati? L'ordigno° ha avuto un incidente? Già qualche sguardo beffardo° di collega sfiora la schiena immobile di Holzschnitter. E Holzschnitter vorrebbe sprofondare sotto terra.

Ma no! Guardate: un minuscolo bagliore,° come di fiammifero, proprio sulla tenebrosa pancia della Luna. Niente altro. Ma quel fiammifero è un'atomica, e se si vede a occhio nudo, da qui, vuol dire che il riverbero si è esteso per centinaia di chilometri.

Vittoria! Dall'esterno, un rombo, coro frenetico e confuso dell'umanità entusiasta, penetra nella specola, fa

---

osservatorio astronomico/circondato

profetico

blaze/**rocce**
punta
potente quantità
ben... chiaramente

razzo
attirata

agitazione/*scattered*

standing out
caratteri... *block letters*

grumble

oggetto esplosivo
ironico

luce

vibrare gli strumenti. Per un istante si ha quasi l'impressione che sia il tuono stesso dell'atomica, esplosa a centinaia di migliaia di chilometri.

Poi quel rombo di osanna° fece uno strano scarto, si inturgidì,° trasformandosi in un mugolo d'orrore.

Perchè il minuscolo bagliore della zona d'ombra della Luna si era attenuato° e spento, è ritornato il buio. Ma subito dopo ecco un filamento luminoso e inesplicabile tagliare dal basso in alto, a contorni irregolari, l'emisfero ottenebrato.°

Quel frastagliato° filamento a vista d'occhio si allargò, si ispessì,° ramificandosi in appendici, come zampe di ragno. Nello stesso tempo la falce° illuminata, rapidamente si ridusse fino a spegnersi.

Finchè, con sgomento° inesprimibile, gli osservatori si resero conto: quel filamento luminoso non era una ramificazione dello scoppio atomico, bensì era il lume del sole che irrompeva° dal di dietro. L'esplosione aveva spaccato° il morto globo come fosse stato di gesso. Una crepa.° Una fenditura.° Poi la Luna si era divisa in tre monconi° le cui dirupate° facce interne, allontanandosi l'una dall'altra spalancavano rovinose° voragini° dove i raggi solari potevano entrare liberamente. Dell'antico satellite non restarono che tre mostruose e irte schegge° goffamente sospese nello spazio.

—Professor Holzschnitter. Professore!— chiamò la voce affannata° di un inserviente. —Professore, presto al telefono!

Barcollando,° l'astronomo, che credeva di sognare, corse all'apparecchio. Prima ancora di aver applicato il microfono all'orecchio, riconobbe la voce della moglie.

—Giovanni! Giovanni!— singhiozzava° Antonietta all'altro capo del filo. —Non hai voluto ascoltarmi. E adesso un bel guaio hai combinato!

rombo... grido di esultanza
si... *swelled up*

diminuito

oscurato
indented
si... *became thicker*
crescent

sorpresa

was bursting
rotto
spaccatura/apertura lunga
frammenti/*steep*
dannose/spaccature profonde
frammenti

agitata

Staggering

sobbed

Dino Buzzati
tratto da *Corriere della Sera*
26 novembre 1957

Esercizi

Domande

1. Dividere il racconto in due sezioni e identificare i temi principali di ciascuna parte.
2. All'inizio del racconto Antonietta fa una distinzione fra le capacità di suo marito, usando come esempio il ferro da stiro. Descrivere questa distinzione e poi spiegare il suo significato nel racconto.
3. Com'è il rapporto fra Giovanni e Antonietta come marito e moglie?
4. Com'è l'atteggiamento di Giovanni quando sua moglie gli parla dei razzi?
5. Quali ragioni presenta Antonietta per sostenere che è sbagliato sperimentare con i razzi?
6. Spiegare le speranze professionali e personali che l'inventore ha prima dell'esplosione del razzo.
7. Cominciando con l'arrivo del razzo sulla Luna riassumere brevemente ciò che succede.

Conversazione

1. Secondo te, qual è il significato della conclusione del racconto?
2. Secondo la moglie, il professor Holzschnitter è un padreterno in mezzo ai libri, ma un disastro nelle cose pratiche. Secondo te, è una distinzione che riguarda i professori in generale?
3. Giovanni e Antonietta Holzschnitter riflettono due opinioni diverse riguardanti gli esperimenti spaziali. Descrivere le idee, le speranze, e le preoccupazioni principali che definiscono i due punti di vista.
4. Spiegare le differenze e le similarità tra le opinioni sui voli spaziali presentate nel racconto e quelle attuali americane.
5. Descrivere e valutare la visione del progresso che Buzzati crea in «**Il razzo lunare**».
6. Che cosa significa per te «il progresso»?

Esercizi di grammatica e di lessico

A. *Comporre un riassunto di «**Il razzo lunare**» usando otto verbi dal seguente elenco. Mettere i verbi al passato prossimo.*

essere	rompere	aggiustare
dire	fabbricare	spedire
giurare	piacere	esplodere
giungere	sopportare	

B. *In base al racconto «Il razzo lunare», completare le frasi seguenti usando la forma appropriata del congiuntivo presente. Alternare i verbi.*

1. Il professor Holzschnitter immagina che il suo razzo...
2. Ad Antonietta sembra che i professori...
3. Teresa dubita che suo marito e il professor Holzschnitter...
4. Padre Pungiglione insiste che la gente...
5. I colleghi del professor Holzschnitter si domandano se il razzo...
6. Secondo me, Buzzati crede che la tecnologia avanzata...
7. Secondo me, è probabile che il programma spaziale...

C. *I verbi* **mancare** (to lack or not to have, to miss) *e* **occorrere** (to need) *seguono lo stesso modello di* **piacere.** *Riscrivere le seguenti frasi, usando il verbo indicato e il pronome di complemento indiretto appropriato. Fare tutti i cambiamenti necessari.*

ESEMPIO Loro hanno bisogno di un buon lavoro.
occorrere
Gli occorre un buon lavoro.
o
Occorre loro un buon lavoro.

1. Amiamo viaggiare in Europa.
piacere
2. Ho bisogno di certi corsi universitari.
occorrere
3. Lui non ha il tempo di uscire.
mancare
4. Loro hanno bisogno di un appartamento più grande.
occorrere
5. Amate i film stranieri?
piacere
6. Non hai il buon senso.
mancare

D. *Completare le frasi con la parola appropriata, facendo tutti i cambiamenti necessari.*

attento	Onnipotente
oltrepassare	fabbricare
astronomo	mancare
curare	osservatore
laureato	guaio
spaccare	

1. Teresa è _____, non è ignorante.
2. Giovanni, sta' _____ a quel che fai.
3. L'uomo non deve _____ i confini stabiliti dall' _____.
4. Ha una casa comoda, le soddisfazioni non gli _____.
5. Secondo suo marito, Antonietta è una brava donna, _____ la casa a perfezione.
6. Giovanni Holzschnitter è un illustre _____ che vuole _____ un razzo lunare.
7. Gli _____ si sono resi conto che l'esplosione _____ la Luna.
8. Il professore ha combinato un bel _____.

Temi per componimento

1. Scrivere un breve articolo in stile giornalistico che descriva un evento storico del programma spaziale.
2. Da una rivista italiana o un quotidiano scegliere un articolo che tratta di un contributo italiano alla tecnologia avanzata (nel campo della medicina, dell'elettronica, della scienza, eccetera). Scrivere un breve riassunto del progetto e spiegare l'importanza dell'impresa.
3. Scrivi un'altra conclusione fantastica per «**Il razzo lunare**» che rifletta le tue idee sui rischi o i benefici dei voli spaziali, cominciando con «Meno tre, meno due, meno uno... zero!»

Temi per dibattito

1. La scienza può risolvere tutti i problemi sociali.
2. C'è un limite a ciò che gli esseri umani possono sapere.

Gianni Rodari
TELEDRAMMA

Gianni Rodari
[1920–1980]

*A*fter participating in the Resistance movement during World War II, Rodari went to work in the Milan office of l'*Unità,* where he served as a special correspondent from 1947 to 1958. In 1958 he moved to *Paese Sera* in Rome.

As a writer, he is best known for his prolific and innovative work in children's literature. Dealing with contemporary issues, Rodari substitutes surrealistic themes and characters for the more traditional magical world of fairy tales. He wrote about his conception of the art of storytelling in *Grammatica della fantasia: Introduzione all'arte di inventare storie* (1973).

The story that follows, «**Teledramma**», is illustrative of Rodari's themes and technique. Set in the period of Italy's postwar economic boom, at a time when television was first becoming a widespread phenomenon, «**Teledramma**» recounts one man's insatiable fascination with this new marvel of modern technology. Published in 1960, Rodari's surrealistic tale reads like a prophecy of the powerful influence television would come to have in industrialized nations such as Italy.

Preparazione alla lettura

A. *Quante ore alla settimana guardi la televisione? Che tipi di programmi preferisci?*

B. *Discutere gli effetti positivi e negativi della televisione sul pubblico americano.*

Parole utili

telegiornale	accendere
telequiz	spegnere
telefilm	
teledramma	
trasmissione	

C. *Dare una definizione o un sinonimo in italiano delle parole sottolineate.*

1. Dopo aver passato la serata alla casa dei loro amici, i Rossi sono rincasati verso mezzanotte.
2. Anche essendo così stanco dopo aver lavorato per dieci ore, Paolo non riusciva a prender sonno.
3. «Sbrigati»! disse il marito alla moglie. «Altrimenti arriviamo in ritardo».
4. Fra il primo e il secondo atto della commedia c'era un intervallo di quindici minuti.
5. Giovanni si arrabbiava perchè ogni dieci minuti il telefilm veniva interrotto da un annuncio pubblicitario.

D. *Dare l'infinito dei seguenti verbi coniugati al passato remoto.*

riemerse	spense
seppe	balzò
si dispose	rimase
venne	mise

E. *Leggere il racconto prendendo appunti sul modo in cui si sviluppa il «dramma» dell'avvocato Marello, sul significato simbolico del suo dramma, e sul punto di vista dell'autore.*

Teledramma

L' avvocato Minerviano Marello acquistò un televisore il 6 giugno del 1957, il 7 giugno si fece impiantare l'antenna sul terrazzo e da quel giorno fino al 23 dicembre del 1959 non perdette una sola trasmissione. Telequiz, teledrammi, telefilm, telegiornali, balletti, rubriche° scientifiche e pubblicitarie, programmi per bambini, per agricoltori, per massaie:° tutto lo interessò, lo affascinò, lo inchiodò° per ore e ore sulla poltrona. Perdette molte amicizie, ma non un solo «intervallo»[1], non una sfilata° di pecore o una visione di cascate.° Non lasciava il suo posto nemmeno quando sul video compariva, in italiano o in lingue diverse, a seconda che si trattasse di un programma nazionale o di un'eurovisione[2], l'annuncio che la trasmissione era interrotta per cause atmosferiche, o tecniche, o d'altro genere. Il teleschermo lo ipnotizzava, lo attraeva irresistibilmente, e la sera del 23 dicembre scorso lo attrasse al punto che egli ci cascò dentro tutt'intero.

    La moglie, sopraggiunta° per avvertirlo che la cena era in tavola, trovò la poltrona vuota e suo marito che la chiamava dal video:

    —Rosa! Rosa!

    —Che fai là dentro?

    —Ci sono cascato, e non so più come uscire.

    Scomparve per un attimo dietro un siparietto° (era in onda «Carosello»[3]), riemerse dietro una parete di dadi da brodo° e implorò:

    —Telefona a qualcuno.

    La signora Rosa telefonò per prima cosa a sua madre, che però non seppe darle consiglio. Intanto anche i figli dell'avvocato, il geometra° Roberto e la dottoressa Maria Grazia, erano rincasati° e si erano messi a ridere.

    —Disgraziati,— inveì Minerviano.

    —Abbi pazienza,— disse la signora Rosa, — ora chiamo l'elettricista.

features

casalinghe/fissò (lit.), *nailed*

processione
waterfalls

arrivata

stage curtain

dadi... *bouillon cubes*

surveyor
rientrati in casa

---

[1] **intervallo**   una pausa fra le trasmissioni di due programmi

[2] **un'eurovisione**   programma televisivo trasmesso simultaneamente in vari paesi d'Europa

[3] **Carosello**   titolo dato ad una serie di 4 o 5 annunci pubblicitari trasmessi consecutivamente ogni sera prima dei programmi principali

Nemmeno l'elettricista, però, aveva mai avuto esperienza di casi del genere.° Disse che avrebbe tentato di rintracciare il tecnico della ditta,° ma che con ogni probabilità quello non si sarebbe mosso prima della mattina seguente.

L'avvocato si dispose dunque a trascorrere la notte nel televisore. La signora Rosa, prima di andare a letto, fece macchinalmente l'atto di girare la manopola dell'accensione,° ma il marito la fermò con un urlo:°

—Sei pazza? Se spegni mi sai dire dove finisco?

La povera signora non riuscì a dormire. Ogni tanto si alzava, infilava vestaglia° e ciabatte° e andava a controllare se Minerviano era sempre là. Difatti era là, piuttosto ingrugnato,° e nemmeno lui riusciva a prender sonno.°

—Avessi almeno un libro giallo,°— borbottava,° passeggiando avanti e indietro in quei ventun pollici di spazio.

La mattina dopo venne il tecnico della ditta, ma non seppe dare un suggerimento di qualche utilità. Al contrario, finì col provocare l'irritazione generale proponendo di cambiare la valvola termoionica:° si sa che un tecnico qualche pezzo da cambiare lo trova sempre.

Verso le dieci arrivò il primo cliente e l'avvocato Marello lo ricevette dal teleschermo, gli dettò il testo di un esposto al tribunale,° gli fece cercare sugli scaffali° un fascicolo della rivista giuridica° che gli occorreva, agitandosi perchè quello, poco esperto, durava fatica a trovarlo, e gli fece lasciare i soldi sulla scrivania. Per fortuna, essendo la vigilia di Natale, i clienti erano scarsi. Altra fortuna, tutta gente discreta, che non fece chiacchiere,° sicchè la notizia del dramma dell'avvocato Minerviano Marello rimase circoscritta alle pareti domestiche.

Le feste di Natale e di Capodanno passarono in una atmosfera di nervosismo che fece andare di traverso° lo spumante alla signora Rosa. La poveretta, per cominciare, si preoccupava che il marito potesse morire di fame, e anche quando fu chiaro che l'avvocato non aveva alcun bisogno di cibo o di bevande per sopravvivere là dentro ogni boccone° era per lei veleno. Discussioni a non finire: e come si fa, e come non si fa, e che cosa succederà, e così via.° Il guaio era quando, nelle ore di trasmissione, bisognava sentirsi attraverso il fiume delle musiche, delle canzoni, delle conversazioni, dei giornali parlati, eccetera. Se si abbassava il volume, anche la voce dell'avvocato si

del... *of that sort*

tecnico... *factory-authorized repairman*

manopola... *on-off knob*/**grido**

nightgown/slippers

di malumore

prender... addormentarsi
libro... *detective novel/grumbled*

valvola... *vacuum tube*

esposto... *petition to the court/bookshelves*
rivista... *law journal*

gossip

andare... *go down the wrong way*

mouthful

e... *and so on*

affievoliva° fino a scomparire; e se si alzava, bisognava aspettare gli intervalli per parlarsi con calma. **si...** *grew faint*

Il 3 gennaio Minerviano fece il diavolo a quattro° perchè si comprasse, intanto, un altro televisore. Là dentro si annoiava a morte, le ore non passavano mai, e perdeva tutti i programmi, perchè con la televisione sentire senza vedere è peggio che la tortura, e lui, essendo proprio in mezzo ai programmi, non vedeva niente. Il geometra Roberto e la dottoressa Maria Grazia, con l'intolleranza dei giovani, si opponevano all'acquisto. **fece...** *raised hell*

—Quel che è successo non ti basta,— gridavano, —non ti ha guarito dalla tua mania.

—Cosa volete che mi succeda di peggio?— ribatteva a pieno volume l'avvocato. —E poi sono vostro padre. Il sale e il sapone che consumate li pago ancora io.

Fu la signora Rosa, con le lagrime agli occhi, a decidere per il secondo televisore. Lo mise proprio davanti al primo, a specchio, girò la manopola dell'accensione e sospirò.

—Vedi bene, Minerviano?— domandò con dolcezza.

L'avvocato non fece in tempo a rispondere. Con tale avidità aveva fissato gli sguardi° sul nuovo teleschermo, che subito ci schizzò° dentro, balzando dall'uno all'altro come un oggetto che lasci una calamita° per un'altra di maggior forza. Difatti il nuovo televisore aveva lo schermo panoramico. **fissato...** *fixed his gaze*
saltò
magnet

—Minerviano, dove sei?—gridò la signora Rosa.

—Sono qui, cretina°, dove vuoi che sia? **imbecille, idiota**

—O Madonna santa, che paura.

—Sta' attenta, adesso,— continuò Minerviano, preso da una improvvisa eccitazione. —Chiama il portiere.° Digli che porti su anche un paio di giovanotti un po' robusti. *building superintendent*

—Che cosa vuoi fare, per carità?

—Sbrigati,°— strepitò° l'avvocato,—fa' come ti dico e non te ne incaricare.° **Muoviti/gridò**
non... *don't try to handle it yourself*

Mentre parlava, schizzò di nuovo da un teleschermo all'altro, attraversando a volo il salotto.

—Prima spegni quell'accidente,°— ordinò,—altrimenti non mi riuscirà di star fermo un minuto. *that damn thing*

La signora Rosa spense il televisore, regolò le manopole di quello in cui Minerviano passeggiava, tormentandosi il mento con una mano, nell'atteggiamento di chi stia riflettendo profondamente, e corse a chiamare il portiere. Per combinazione° c'era in portineria in quel momento il fuochista addetto alla caldaia° del riscaldamento centrale, e salì anche lui. Aveva riflessi un po' lenti **Per...** *Per caso*
fuochista... *«fireman»
(stoker) responsible
for the furnace*

e Minerviano patì° le pene dell'inferno a fargli capire le **soffrì**
sue istruzioni. I primi tentativi, anzi, andarono a male.

Era stato acceso anche il secondo televisore. Minerviano balzò un paio di volte da un teleschermo all'altro,
in preda alle° due opposte attrazioni. Al terzo tentativo, **in...** *prey to*
finalmente, il portiere e il fuochista riuscirono ad afferrarlo
per le braccia mentre attraversava l'aria, la signora Rosa
fu lesta° a spegnere contemporaneamente entrambi i **veloce**
televisori, e l'avvocato Minerviano Marello cadde sul
tappeto dello studio-salotto boccheggiando.° Prima ancora *gasping*
di rialzarsi regalò un televisore al portiere e l'altro al
fuochista. Ma i due, in seguito, si guardarono bene dal⁴
fargli sapere che lo stesso giorno li avevano venduti, il
primo in cambio di un motoscooter, il fuochista per
comprare alla moglie un frigorifero.

Gianni Rodari
tratto da *Paese Sera*
2 febbraio 1960

---

⁴ **guardarsi bene dal** + l'infinito   *to be careful not to (do something)*

Esercizi

Domande

1. Descrivere brevemente il comportamento dell'avvocato Marello dopo aver acquistato il suo televisore.
2. Che cosa trova sua moglie quando cerca di avvertirlo che la cena è in tavola?
3. Perchè l'avvocato deve trascorrere la notte nel televisore?
4. Perchè lui insiste che si compri un altro televisore?
5. Che cosa gli succede quando la moglie accende il secondo televisore?
6. Come fanno a liberare l'avvocato dai televisori?
7. Che cosa fanno il portiere e il fuochista con i televisori che l'avvocato ha regalato loro?

Conversazione

1. Spiegare il titolo del racconto.
2. Secondo te, qual è il punto di vista dell'autore verso la televisione?
3. L'avvocato Marello casca dentro il televisore. Discutere il rischio di diventare «prigioniero» della televisione.
4. Secondo te, qual è la funzione della televisione nella società americana?
5. Come sarebbe diversa la tua vita se non esistesse la televisione?
6. Se tu potessi scegliere un programma televisivo americano da trasmettere al pubblico italiano, quale sceglieresti? Perchè?
7. In gruppi di 3 o 4, preparate una trasmissione del telegiornale.

Esercizi di grammatica e di lessico

A. *Dare la forma appropriata dell'imperativo dei seguenti verbi.*

1. (Voi) _____ (sbrigarsi); non vogliamo arrivare in ritardo.
2. (Lei) _____ (avere pazienza); sarò subito da Lei.
3. (Tu) _____ (spegnere) quel televisore; devi studiare.
4. (Lei) _____ (stare) attento; è facile perdersi in quella città.
5. (Tu) non _____ (andarsene) senza avvertirmi.

B. *Per ogni espressione sottoelencata scrivere una frase che dimostri il suo significato.*

1. prendere sonno
2. casi del genere

3. andare di traverso
4. e così via
5. per combinazione

C. *Le seguenti frasi sono esempi dell'uso del gerundio in italiano.*

Per fortuna, **essendo** la vigilia di Natale, i clienti erano scarsi.

L'avvocato Marello, **essendo** proprio in mezzo ai programmi, non vedeva niente.

NOTE The gerund can be used to modify the action of the main verb (by expressing time, cause, condition, or means). The subject of the gerund must be the same as that of the main verb.

Nelle frasi seguenti, sostituire le parole sottolineate con il gerundio.

1. Siccome non avevano i soldi, non sono andati al cinema.
2. Mentre andava a scuola, Gino ha incontrato Maria.
3. Poichè studia, Mario riesce sempre a superare gli esami.
4. Mi sono fidato di lui perchè credevo che fosse una persona onesta.
5. Dato che non conoscevano la città, si sono perduti.

Temi per componimento

1. Scrivere una recensione di un programma televisivo.
2. Scrivere un dialogo fra marito e moglie, i quali, abituati a guardare la televisione ogni sera, scoprono una sera che il loro televisore non funziona.
3. Scrivere una continuazione del racconto in cui il portiere racconta a sua moglie quello che era successo nell'appartamento dell'avvocato Marello.

Tema per dibattito

La televisione è un elemento positivo della società americana.

Aldo Palazzeschi

IL PROMESSO SPOSO

Aldo Palazzeschi
[1885–1974]

$\mathcal{A}$lthough Aldo Palazzeschi (a pseudonym for Aldo Giurlani) is best known as a writer of fiction, he began his literary career as a poet, belonging for a time to the two major groups of Italian poets of the early twentieth century: the *Crepuscolari* (Twilight Poets) and the Futurists. His artful skill at storytelling earned him an important position among the foremost Italian short-story writers and novelists. A prolific writer, Palazzeschi produced several works of lasting value, particularly such witty and ironic novels as *Il codice di Perelà* (1941), *Le sorelle Materassi* (1934), and *I fratelli Cuccoli* (1948).

Palazzeschi's most notable contribution to the **terza pagina** was made in affiliation with the *Corriere della Sera*. His collaboration, though irregular, lasted some forty years, from the twenties through the sixties, and produced several collections of short stories, including *Stampe dell'800* (1932) and *Il palio dei buffi* (1937). In his short fiction Palazzeschi uses fantasy, humor, and irony to describe the irrational, and sometimes bizarre, dimensions of modern life. His characters represent all walks of life: clerks, shopkeepers, the unemployed, priests and nuns, and nobility. In many respects, their lives are commonplace. Nevertheless, as illustrated in «**Il promesso sposo**», underlying the ordinary is some idiosyncracy, which the author explores, revealing in his characters a sense of wonderment, sadness, and separateness from community.

Preparazione alla lettura

A. *Adoperando vari aggettivi, descrivere un(a) fidanzato(a) ideale.*

B. *Per il signor Ramìro, il protagonista del sequente racconto, il fidanzamento è come il paradiso, mentre il matrimonio sarebbe come l'inferno. Tenendo conto di questo e anche del titolo del racconto, «**Il promesso sposo**» (cioè, il fidanzato), cercare di indovinare la successione di eventi nei rapporti che il protagonista ha con le donne.*

Parole utili

amore	fidanzarsi
chiesa	innamorarsi
felicità	rimandare
fidanzamento	soffrire
marito	sposarsi
matrimonio	
moglie	

C. *Dare un sinonimo o una definizione delle parole sottolineate nelle seguenti frasi.*

1. Era tanto irascibile che si arrabbiava per la minima cosa.
2. A detta di chi ha visto l'incidente, la colpa era del signore che guidava la macchina rossa.
3. All'improvviso, era balenata nella mente del signor Ramìro l'idea di fidanzarsi.
4. Aveva una vita molto infelice; infatti, era la persona più disgraziata che io abbia mai conosciuto.
5. Dopo la rottura della loro amicizia non si parlavano più.
6. Lui è un tipo molto onesto; non vuole ingannare nessuno.

D. *Leggere il racconto prendendo appunti sui seguenti argomenti: l'atteggiamento del protagonista verso il fidanzamento e il matrimonio; il suo comportamento con le fidanzate; il loro atteggiamento verso di lui.*

Il promesso sposo

Per il signor Ramìro c'era una figura nell'umano consorzio° che riteneva la più sciagurata,° della quale non riusciva nemmeno a pronunziare il nome tanto lo infastidiva° e lo faceva soffrire, tanto gli pareva brutto; bastava quel nome a renderlo irascibile,° a metterlo in stato di allarme, d'angoscia e di spavento: il marito. Viveva arcisicuro° che il diavolo l'avesse creata apposta° per far provare all'uomo, già sulla terra, le pene dell'inferno.

    E fin qui nulla di straordinario.

    Chi per un bizzarro complesso non si senta nato per il matrimonio, non si senta di poter rendere felice una donna e di essere felice con lei, se ne sta da sè se è un uomo onesto, e il conto è pari° senza ingannare° nessuno. Ma non è questo che interessa il nostro osservatorio e per cui intraprendiamo° il discorso.

    Mentre il signor Ramìro vedeva nel marito la figura più disgraziata° fra quante ce ne sono, ne vedeva una, per contrapposto, che gli appariva la più bella senza possibilità di riscontro,° inverosimilmente,° smisuratamente° bella, tanto da non poter credere che ci fosse nel mondo; bastava il nome a metterlo in stato di ebbrezza dionisiaca[1], a farlo palpitare e brillar° tutto: il promesso sposo, o fidanzato se vi par meglio. Scorgeva° nel fidanzamento la somma di tutte le delizie e letizie° che per dono divino possono essere concesse all'uomo, il raggiungimento della perfetta felicità, di un'eccelsa° beatitudine. Il Signore lo aveva creato per offrire ai mortali, già sulla terra, un anticipo del Paradiso. Ragione per cui nella lunga esistenza era stato più di venti volte fidanzato senza mai giungere al matrimonio. Ci vuol poco a capire ch'era nato per un tale esercizio.

    Come aveva fatto, vi chiederete senza dubbio, giacchè a dirla così sembra una cosa irrealizzabile, impossibile, una favola per raccontare nelle ore di ozio, ed era, invece, nell'esecuzione, tanto semplice, che si risolveva da sè. Fra tutte le cose di questo mondo credo sia difficile trovarne una di altrettanta° naturalezza e semplicità.

---

[1] **ebbrezza dionisiaca** *Dionysian frenzy.* Dioniso fu il dio greco del vino e della gioia; corrisponde al romano Bacco (*Bacchus*).

---

società/miserabile
disturbava

rabbioso
sicurissimo
specificamente

il... *the account is balanced*/tradire
cominciamo

miserabile, sciagurata

paragone/incredibilmente
enormemente
sparkle
Vedeva
gioie

suprema

as much

Bisogna aggiungere che, come fidanzato, il signor Ramìro, a detta delle[2] donne che furono legate a lui da tale vincolo, era incredibilmente, incomparabilmente, inesauribilmente° caro, bello, ideale, fantastico: le donne **eternamente** giungevano a dubitare di loro stesse e della stessa realtà tanto era dolce, tenero: aveva per esse certi pensieri e certe cure, e sapeva trovare certe parole che rappresentavano delle creazioni vere e proprie, stupefacenti° e **meravigliose** inaspettate, e sempre nuove ogni giorno: era un artista in quel campo. Fino a quando l'idillio paradisiaco non subiva la prima incrinatura° affacciandosi° l'idea del *crack*/**presentandosi** matrimonio. Di tutto parlava il signor Ramìro, fuor che di sposare, guai a intavolare° quell'argomento[3], diveniva **iniziare** serio, pensieroso, cupo,° evasivo, distratto, misterioso. **taciturno** Non si riconosceva più. Finchè messo alle strette° inco- **messo...** *placed in dire straits* minciava a battere i denti forte forte, lesto lesto,° e a **lesto...** **rapidamente** roteare° gli occhi con ritmo vertiginoso,° quindi a chiuderli **girare/rapidissimo** in modo definitivo, diveniva prima bianco, poi giallo, poi verde, poi blu: era morto. Ciò che produceva nell'animo delle donne uno stato contraddittorio e il massimo disorientamento: si sentivano strette in un tale groviglio° dal *mess* quale desideravano solo uscire e al più presto.

La maggior parte di esse s'erano allontanate incapaci di giudicare e di esprimere il proprio pensiero: altre, invece, dopo avere rovesciato il sacco[4] delle maleparole, mentre il signor Ramìro permaneva nel suo stato cadaverico° maturando dentro se stesso il disegno di un nuovo **da cadavere** fidanzamento, e non appena libero si fidanzava di nuovo.

Vi verrà fatto di pensare° che per una volta due e **Vi...** *You may be led to believe* tre le donne si fossero prestate° a seguirlo, ma non appena **si...** *consented* scoperto il trucco quale donna si poteva fidanzare con quello?

Solo chi non conosce bene la donna può ragionare in questo modo. Più la cosa diveniva complessa e difficile, inaccessibile, e più allettava° le donne, sentendosi cias- **seduceva** cuna infinitamente al disopra di tutte, sentendosi quella che avrebbe trionfato sulle avversarie, in una vittoria che diveniva ogni volta più attraente.

Accadde una volta che pervenute° a conoscersi e **arrivate** superando le naturali diffidenze e rivalità, la personale reciproca antipatia che malgrado° la più assoluta solida- *in spite of*

---

[2] **a detta di** *according to*
[3] **guai a intavolare...** *woe to anyone who brought up that subject*
[4] **rovesciare il sacco** modo di dire: *to get something off one's chest*

rietà in fatto d'interesse femminile in generale spesso circola fra le donne, presso un celebre avvocato, per avere da lui lumi° e consiglio, informazioni e chiarimento sopra un tale fenomeno, tre delle sue ex-fidanzate si riunirono a congresso: Mariuccia, Nicoletta e Cunegonda. — **spiegazioni**

Volle per prima cosa sapere l'avvocato quale fosse la condotta del signor Ramìro con ciascuna di esse durante il periodo ch'era stato il loro promesso sposo.

—Durante tre anni un tesoro, non poteva una donna desiderare meglio e di più dal proprio fidanzato,— affermò Mariuccia. E Nicoletta confermò decisamente che altrettanto era stato con lei durante un anno e mezzo: —Un angelo.— Cunegonda aggiunse che durante dieci anni aveva conosciuto con lui le gioie del Paradiso.

—E come fu che una tale condizione di felicità venne° turbata? — **fu**

—Fu mia madre che da un pezzo non mi dava pace su questo argomento, finchè un giorno non insorse° ella stessa aggredendolo° in modo violento; era diventata una belva contro quel povero ragazzo, e il mio adorato Ramìro rimase come morto, si dovette farlo portare dall'ambulanza al proprio domicilio. Io vivevo arcisicura che non si sarebbe riavuto.° — **si ribellò** / **attaccandolo** / **non...** *he would not recover*

—Per parte sua, dopo dieci anni avrebbe ancora continuato?

—Certo.

—Ma quando si era fidanzata era stato allo scopo° e col preciso miraggio° di contrarre il matrimonio, come avviene per ognuno? — **obiettivo** / **desiderio**

—Certo.

—E che cosa ne pensava vedendo che il matrimonio non si faceva nè si parlava di farlo?

—Ero tanto felice da non accorgermi di ciò.

—E il suo contegno° in quanto promesso sposo si mantenne sempre corretto? — **comportamento**

—Esemplare.

—Correttissimo.

—Fino allo scrupolo—. Precipitarono° le donne ad un tempo. — *They hastened to say*

—Non pensano lor signore° che vi fosse sotto qualche fisiologico impedimento, un difetto organico che lo rendeva pavido° e lo faceva recalcitrare° all'idea del matrimonio? — **lor...** *you ladies* / **pauroso/resistere**

Mariuccia insorse:

—No!

—E da che cosa lo deduce?

—Siccome in un certo momento anche nella mia mente era balenato° un simile sospetto, volli rendermi edotta° del fatto mio: era atto° al matrimonio, attissimo.

E Nicoletta ribadì con energia:

—Atto come nessuno. Ma fu proprio quello il principio d'ogni nostro guaio e che produsse la rottura° del fidanzamento.

Cunegonda, ch'era rimasta silenziosa e desolata in un angolo, alitava un filo di voce° che pareva giungere di sottoterra:

—Come quello degli angeli il nostro amore fu puro: nè un atto nè una parola nè un pensiero poterono intaccarne° la purità. Quant'era caro! Com'era bello! Mio dolce Ramìro, come hai potuto dimenticare la tua Cucù? Dopo, ho intrapreso° relazione con due o tre, sempre allo scopo di matrimonio, non m'è stato possibile continuare con alcuno, il ricordo di lui rende impossibile ogni forma di avvicinamento con un altro uomo.

Giunto in alta vecchiezza il signor Ramìro, e come tutti i vecchi affetto° da acciacchi° e da malanni° in sovrabbondante quantità, oramai solo nelle mani di Sidonia sua esperta governante che fungeva° anche da infermiera, senza spirito di rassegnazione meditava seco medesimo° sul proprio caso. In fondo, pensava giustamente, la vecchiaia devastatrice d'ogni amore, lasciava il suo illeso:° il suo genere d'amore non veniva toccato dalla vecchiaia, e per cui si sentiva ancora in grado di amare come quando era un baldo° e bellissimo giovinotto anzi, con maggiore profondità dopo tanto insegnamento, e non minore trasporto.° Solo che non vedeva più intorno un soggetto al quale proporsi come promesso sposo. Fino a quando, a furia di° guardare lontano e desolato nel vuoto, non pose lo sguardo vicino a sè. E Sidonia, ch'era donna scaltrissima° e conosceva perfettamente il suo pollo[5], con leggiadria° di fanciulla innamorata accolse° l'invito guardandosi bene dal parlar di sposare in un primo tempo tanto che il signor Ramìro potè iniziare sotto i migliori auspici° il suo ultimo fidanzamento; ma via via che° le condizioni di lui si aggravavano in modo pernicioso,° e giudicandolo oramai incapace di ribellarsi e di resistere

flashed

informata/capace

break-up

alitava... *breathed in a weak voice*

corroderne

cominciato

colpito/disturbi/ malattie

funzionava

seco... con se stesso

unharmed

bold

passione

a... *by dint of*

astutissima
gracefulness/**accettò**

segni/via... *as*

dannoso

---

[5] **conoscere i propri polli** modo di dire: conoscere bene le abitudini delle persone con cui si è in contatto

in qualsiasi modo, la donna non si peritò° a porre sul tappeto l'essenziale argomento: —Sposarla su due piedi, o lo avrebbe piantato in asso.[6]

    In cento modi tergiversò° il signor Ramìro, tentò ogni mezzo ed ogni via per rimandare° l'evento, finchè malato e affranto,° stretto dalla necessità decise il proprio matrimonio.

    Eseguite° le pratiche indispensabili con la massima fretta e in possesso degli indispensabili documenti, un bel giorno, che nella vita del signor Ramìro doveva essere il più brutto, salito con Sidonia sopra una macchina si diresse alla propria parrocchia° dove in una cappellina privata, e a chiesa chiusa, sarebbe divenuto anche lui un marito.

    Ma non appena gli sposi si furono inginocchiati e il sacerdote° col registro in mano si avvicinava a loro per leggere gli articoli secondo i quali si rende valido e indissolubile il più famoso sacramento, a quella vista il signor Ramìro ebbe un istante di abbandono per il quale rotolò° lungo disteso sull'inginocchiatoio.

    —Non è vero! È un impostore! È un trucco! Il suo malore è falso, ha fatto sempre così, è d'abitudine il suo gioco. Non ha nulla! Sta benissimo!— gridava Sidonia inferocita. Ma uno dei testimoni,° che conosceva il signor Ramìro da tanto tempo, assicurò che le altre volte, al momento di cascar morto, era divenuto prima bianco, poi giallo, poi verde, poi blu, e quella invece era diventato rosso di scatto° come se tutto il sangue gli fosse andato al cervello, e piano piano bianco come un cencio° lavato.

    Giunse il medico che costatò il decesso° per infarto cardiaco.

    Vistasi al perso° la donna, agitatissima, ingiungeva al parroco:°

    —Insomma, qual è la mia posizione e quali sono i miei diritti dopo di essere giunta fino a qui con quest'-uomo?

    E il parroco con perfetta calma le rispose:

    —Lei è ancora la signorina Sidonia Friccioli, e da questo momento libera da ogni vincolo.

    E siccome quella dava in smanie° tentando ancora d'insorgere:°

esitò

procrastinò
postpone (**posporre**)
disperato

Fatte

parish church

prete

fell over

witnesses

di... *suddenly*
rag
costatò... *certified the death*
Vistasi... *Realizing all was lost*
prete

dava... *was in a frenzy*
protestare

---

[6] **piantare in asso** lasciare qualcuno in un pericolo togliendogli il proprio aiuto

—Non penserà ch'io voglia porre sopra questo registro quale atto matrimoniale la firma di un morto. Il signor Ramìro Verità era e rimane il suo promesso sposo.

Eseguite le formalità volute dal regolamento, eseguiti funerali rapidissimi e senza seguito,° il notaro° lesse il testamento.   **processione/notaio**

In un'unica carta di pergamena° grande quanto un lenzuolo, tutta illustrata finissimamente e decorata con bacche dorate° e ghirlande d'alloro,° era al centro un unico rigo ma scritto così minuto che si dovette cercare una lente d'ingrandimento per leggerlo: *parchment*

bacche... *gilded berries*/**ghirlande...** *laurel wreaths*

—Lascio alle mie fidanzate, in parti uguali, quanto posseggo.—Ramìro Verità fu° Clodoveo.   *the late*

Aldo Palazzeschi
tratto da *Corriere della Sera*
13 maggio 1960

Esercizi

Domande

1. Secondo il signor Ramìro, perchè il diavolo aveva creato la figura del marito? Perchè il Signore aveva creato quella del promesso sposo?
2. A detta delle donne che erano legate a lui, com'era il signor Ramìro come fidanzato?
3. Come reagiva il signor Ramìro appena si parlava di matrimonio?
4. Vista la reazione del signor Ramìro che cosa facevano le sue fidanzate?
5. Perchè le donne, anche se conoscevano il trucco del signor Ramìro, continuavano a fidanzarsi con lui?
6. Giunto in vecchiezza, che cosa fa il signor Ramìro?
7. Qual è l'ultimatum che gli dà Sidonia?
8. Come fa il signor Ramìro ad evitare il matrimonio con Sidonia?

Conversazione

1. Secondo te, perchè il signor Ramìro non voleva sposarsi?
2. La parola «fidanzare» deriva dal verbo «fidare» (cioè, «credere in»). Discutere il comportamento del signor Ramìro in base a questo significato.
3. Che c'è di ironico nel nome con cui il signor Ramìro ha firmato il testamento? (Tenere presente il titolo del racconto.)
4. Discutere il significato del testamento (il suo contenuto e la sua apparenza).
5. Discutere l'immagine della donna descritta in questo racconto.
6. Secondo te, qual è la funzione del fidanzamento?

Esercizi di grammatica e di lessico

A. *Completare le seguenti frasi adoperando la forma appropriata del congiuntivo:*

1. Se io _____ (essere) la fidanzata del signor Ramìro, non potrei sopportarlo.
2. Non sapevo se lui già _____ (sposare) quella ragazza.
3. L'avvocato volle per prima cosa sapere quale _____ (essere) la condotta del signor Ramìro con le fidanzate.
4. Il signor Ramìro era diventato rosso come se tutto il sangue _____ (andare) al cervello.
5. Lei non penserà che io _____ (volere) porre sopra questo registro la firma di un morto.

B. *Caratteristico dello stile di questo racconto è l'uso di avverbi («invero-similmente», «smisuratamente»). Formare degli avverbi dal seguente elenco di aggettivi e scrivere una frase per ogni avverbio.*

1. incredibile
2. deciso
3. sicuro
4. infinito
5. enorme
6. giusto

C. *I seguenti aggettivi vengono adoperati nel racconto per descrivere i personaggi. Per ogni aggettivo trovare il contrario e scrivere una frase che dimostri chiaramente il suo significato.*

1. irascibile
2. dolce
3. tenero
4. serio
5. evasivo
6. scaltro
7. agitato

D. *Completare le frasi inserendo al posto giusto le seguenti parole:* **malgrado, altrettanto, apposta, tanto, nemmeno, di nuovo, appena.**

1. Non riusciva ____ a pronunciare il nome di quell'uomo, ____ lo odiava.
2. Lo ha fatto ____ per dimostrare la sua superiorità.
3. Non ____ liberato da un fidanzamento, il signor Ramìro si fidanzava ____.
4. ____ la sua reputazione, le donne continuavano a fidanzarsi con il signor Ramìro.
5. Il signor Ramìro si era fidanzato venti volte, e ____ volte era riuscito a non sposarsi.

Temi per componimento

1. Dopo cinque anni di fidanzamento il signor Ramìro non ti parla mai di matrimonio. Scrivi una lettera a «*Dear Abby*» chiedendole dei consigli; poi scrivi la sua risposta alla tua lettera.
2. Descrivi il tuo atteggiamento verso il matrimonio.
3. Per il signor Ramìro il fidanzamento era come un anticipo del paradiso, mentre il matrimonio era come le pene dell'Inferno. Scrivi un monologo in cui il signor Ramìro descrive il suo stato d'animo dopo due anni di matrimonio.

Tema per dibattito

Nella nostra società il matrimonio è un'usanza che non funziona più.

Giuseppe Cassieri

L'OSPITE AMERICANO

Giuseppe Cassieri
[1923–]

A native of Puglia, Cassieri resides in Rome where he writes for *Il Messaggero* and for RAI (**Radiotelevisione Italiana**). His best-known contribution to RAI was a screenplay entitled *Fuorigioco* (televised in 1969), which satirized the Italians' fanatic devotion to soccer.

Cassieri is best known as a novelist. His early works, such as *Aria cupa* (1952) and *I delfini sulle tombe* (1956), are in the neorealist tradition. Typical of the regional character of much neorealist fiction, these novels are set in Cassieri's native Puglia and deal with the lives of the fishermen and lower middle class of the Gargano coast.

In later novels, Cassieri turns his attention to the urban consumer society of postwar Italy: *La cocuzza* (1960); *Notturno d'albergo* (1961); *Il calcinaccio* (1962). Characteristic of this latter period is Cassieri's satirical and grotesque portrayal of a corrupt Roman bureaucracy in a style which is rich in verbal inventiveness. Two of his subsequent works, *Andare a Liverpool* (1968) and *Offerta speciale* (1970), are marked by avant-garde linguistic experimentation.

The story reprinted here, «**L'ospite americano**», is set neither in Puglia nor in Rome but in a small town in Umbria. It is a seemingly straightforward account of an Italian emigrant's return, many years after his departure for America, to his home town. Through its imagery, however, the story subtly conveys Cassieri's perception of the differences between the two cultures, as well as the profound change that the protagonist has undergone in the years since his emigration.

Preparazione alla lettura

A. *Il signor Scarabei è emigrato da un piccolo paese in Italia e ora abita nella città di New York. Descrivere le differenze che potrebbero esistere fra la vita in un piccolo paese e in una città grande come New York.*

Parole utili

prati
fiori
pastori
montagne
silenzio
paesaggio
campane
boschi

verde
medievale
congestionato

B. *Nel seguente racconto il signor Scarabei visita il suo paese nativo in Italia cinquantasei anni dopo esser emigrato negli Stati Uniti. Gli abitanti del paese hanno molta stima del signor Scarabei. Quale delle seguenti attività organizzeresti per accoglierlo se tu abitassi nel paese?*

a. mandare dei rappresentanti del paese all'aeroporto per incontrarlo e accompagnarlo al paese.

b. appendere degli striscioni (*banners*) di benvenuto.

c. festeggiamenti nella piazza principale con un discorso del sindaco (*mayor*).

d. un grande banchetto in suo onore.

e. un'escursione del paese per mostrare i cambiamenti avvenuti.

C. *Dare un sinonimo in italiano, o una definizione, delle parole sottolineate nelle seguenti frasi.*

1. A causa della pioggia hanno dovuto spostare il concerto da venerdì a sabato.

2. Insonnolito dopo undici ore di lavoro, Giovanni è andato a letto appena arrivato a casa.

3. Era una cena molto abbondante; ci hanno servito quattro portate.

4. La lettera scritta da sua zia in Italia ha suscitato in Luisa la voglia di tornare al suo paese nativo.

5. Avendo paura, il ragazzo si è avvicinato al cane con cautela.

D. *Leggere il racconto prendendo appunti sui seguenti argomenti: il motivo per cui il protagonista è tornato in Italia; l'atteggiamento verso di lui dei cittadini del suo paese nativo; la reazione del protagonista alla sua visita.*

L'ospite americano

A mezzanotte e tre quarti, congestionato dalle mille attenzioni e parole dette e ricevute e, non ultimo, dal leprotto in salmì° giunto in tavola dopo quattro succolente portate,° Mr. Scarabei non chiudeva ancora occhio. Il dinamismo cui si era assuefatto° in mezzo secolo di vita americana non gli serviva a superare quel po' di trambusto° suscitato° al suo arrivo al paese d'origine. Se ne rammaricava,° nè più nè meno che d'una debolezza spuntata° nel tronco asciutto del suo carattere pratico. Forse, riflettè, è la sazietà dello stomaco che è salita al cervello; forse il brusco trapasso dalla realtà di ieri a quella di oggi: da New York a Roma a bordo di un aereo che aveva viaggiato costantemente in un tunnel di nuvole. A Lucy, la moglie, avrebbe descritto la transvolata° come un'interminabile corsa in ascensore.

 A Roma, finalmente sole e azzurro, non gli era stato consentito di girarsi intorno. Subito prigioniero di decine di paesani scesi in un corteo di macchine a Fiumicino,[1] infilato in un'Appia blu decapottabile° e guidato su per la Salaria[2] verso Rieti, Morro, Leonessa, nel cuore dell'Appennino centrale[3] i cui solchi° di terra appena ribattuti dopo la semina° si alternavano a radi vigneti,° a prati verdi da pascolo° con un vellichio° di colori teneri e freschi alla brezza: i medesimi° salutati il giorno dell'emigrazione. —E quelli sono i cacciapecorai!°— aveva esclamato puntando l'indice verso lo sparuto° fiore d'autunno dai petali bianco-lilla,° incitamento per i pastori a mettersi in cammino per la Maremma[4].

 —Welcome Mr. Scarabei!— era stampato sulla porta delle case, sui muri lo stesso ritornello° scandito° da quattro-cinquecento persone assiepate° sul corso Vittorio Emanuele; battevano le mani e pretendevano° un discorso.

leprotto... *hare in ra-gout*
courses
abituato

agitazione/provocato
lamentava
sprouted

overseas flight

convertible

furrows
sowing/**radi...** *sparse vineyards*
da... *grazing/fleece*
stessi
(lit.) *shepherd-chasers*
magro
lilac white

refrain/pronounced
crowded
aspettavano

---

[1] **Fiumicino** situato a 25 km. da Roma, è il sito dell'aeroporto internazionale Leonardo Da Vinci

[2] **la Salaria** antica strada romana; da Porta Salaria (Roma) giunge ad Adria, città del Veneto

[3] **Appennino centrale** la catena di montagne che attraversa longitudinalmente la parte centrale della penisola italiana

[4] **la Maremma** regione bassa e paludosa (*swampy*) lungo la costa della Toscana

Aveva sentito il petto ingombro° e la lingua inferiore al desiderio di dichiararsi almeno commosso. Che meriti accampava° egli per riscuotere° tutto ciò? Questo sì, per fortuna, era riuscito a smozzicarlo.° —... Non ho compiuto nulla di speciale, non sono nè Garibaldi[5] nè Franklin, è la democrazia del Paese che ospita me e tanti vostri parenti a permettere un segno di omaggio ... non carità, omaggio e solidarietà. È abbastanza naturale che si sia organizzato un fondo-cassa° nella colonia newyorkese da riversare qui, dove affondano le nostre radici. Io mi sento fortunato e felice di respirare l'aria fina delle mie montagne e vi garantisco che appena ho messo piede in Italia mi son rimproverato° di aver rimandato fino ad oggi questo incontro. D'ora in poi i nostri rapporti saranno più frequenti; per quel che posso stimolerò i nostri compaesani a venire almeno una volta nella loro esistenza. Io stesso darò il buon esempio conducendo con me moglie e figlioli....

Qualcuno, meno timido, lo aveva interrotto: —Viva il nostro Tonino!— E l'ospite, con vivaci cenni° di approvazione: —Sono infatti il vostro Tonino Scarabei, innanzitutto.

Com'è buffo, si era detto. Uno parte ragazzo, in una torma° di emigranti, nessuno si accorge° se esiste o non esiste, e un bel giorno, a tua insaputa, la sorte° lo ripiglia° e lo fa passare sotto un arco di trionfo.

La mente un po' allucinata° dalla veglia,° carico di emozioni che alla fine lo avevano sopraffatto, rivedeva il susseguirsi° di quella memorabile giornata. Sarebbe riuscito a raccontarla a Robert, a Frank, a Susy? Dapprima la visita alle torri degli orologi: quella di lato alla cattedrale francescana,° decapitata da un fulmine° cinque anni fa; l'altra, di Rentina, abbattuta dopo la perizia° di un ingegnere pessimista. Entrambe° non sarebbero risorte° senza i dollari di Mr. Scarabei e della colonia newyorkese. Oggi le si ammiravano uguali di statura, ottantacinque metri di altezza, la parte terminale ricostruita nello stile gotico. In alto, il quadrante fosforescente dell'orologio° acquistato dai F.lli° Terrili e gli archetti nuovi che proteggevano il congegno di suoneria° e le corde dei pesi.°

—Ha notato che timbro, Mr. Scarabei?— gli aveva chiesto il sindaco.° —Tre volte al giorno ascoltiamo ben settantadue rintocchi° che si accompagnano alle campane

tightened

dimostrava/meritare
mumble

cash fund

mi... *I regretted*

gesti

**folla/si... nota
fortuna/riprende**

turbata/*sleeplessness*

succession of events

*Franciscan/bolt of
lightning
structural analysis*
Tutte e due/risen
again

quadrante... *clockface*
Fratelli

congegno... *sound
mechanism/***corde...**
*weight ropes
mayor
rings*

---

[5] **Giuseppe Garibaldi** (1807–82) eroe militare dell'unificazione d'Italia (1859–70)

del mattutino, del mezzodì e dell'Avemaria[6]. Abbiamo ripristinato° il vecchio sistema per metterci al passo° con le torri delle sedici frazioni[7].

Seduto al centro di una tavolata a T,° si era trovato di fronte, imprevedibile con quei mustacchi da tirolese, Vincenzo Berilli, il Cencio[8] dell'infanzia col quale aveva spartito° sessanta centesimi al giorno a ferrare° le bestie; il solo di cui avesse conservato un vago ricordo e che ora gli veniva presentato come il più autorevole apicoltore° della regione.

Sarebbe stato impossibile per Mr. Scarabei ricomporre tutto ciò che era uscito dalle labbra di Cencio. Fosse la stanchezza o il baccano° che aumentava a misura che si svuotavano le bottiglie, delle prolisse° nozioni dell'ex-compagno maniscalco° gli sfarfallavano° qua e là solo alcune frasi: —Dobbiamo molto apprendere° da questi utili insetti... Sono talmente organizzati, che le famiglie umane dovrebbero imitarli. La regina ha il privilegio esclusivo di deporre le uova. Ne depone fino a tremila al giorno. Passando nelle celle operaie depone uova operaie, passando nelle celle dei fuchi° depone uova di fuchi. L'accoppiamento° con il maschio avviene per aria, il fuco muore e la regina rientra nell'arnia.° L'esperienza m'insegna che la regina dev'essere scelta dalla società con criterio democratico. Sarà anche perchè vivo molto a contatto con le api che ho grandissima ammirazione per l'America.

Il discorso stava acquistando sfumature° politiche allorchè° il sindaco era intervenuto per proporre un'escursione a Colle Capitano, là dove era stata dissotterrata la biga greco-arcaica° di metallo di Corinto.°

Alquanto insonnolito,° l'ospite aveva bonariamente dimostrato la inutilità d'interrompere quel simpatico simposio° per raggiungere un luogo che, avendo aspettato con pazienza cinquantasei anni la visita di Mr. Scarabei, non aveva davvero ragione di dolersi° del rinvio° d'un giorno. E per farsi meglio perdonare la pigrizia di muoversi, aveva preso a raccontare dello stato di conservazione della biga al Museo Metropolitan di New York, del pie-

restaurato/metterci...
keep us in step

tavolata... *T-shaped table*

diviso/a... *shoeing*

beekeeper

uproar
tediose
blacksmith/fluttered
imparare

drones
The coupling
hive

overtones
quando

biga... *ancient Greek chariot/Corinth*
Alquanto... *Somewhat sleepy*
banchetto

lamentarsi/*postponement*

---

[6] **campane del mattutino...** i rintocchi delle campane indicano le ore delle preghiere: di mattina (**mattutino**), mezzogiorno (**mezzodì**), e sera (**Avemaria**)

[7] **frazione** un gruppo di case, il quale è distaccato dal comune di cui fa parte

[8] **il Cencio** (lit.) *rag;* qui è il soprannome d'infanzia di Vincenzo Berilli.

distallo a forma di chitarra su cui poggiavano ruote e timone,° della splendida custodia° di cristallo, dell'enorme credito presso i critici e gli intenditori:° —Dopo un cimelio° cinese di cui mi sfugge il nome, la nostra biga è ritenuta il pezzo più forte del Museo. C'è da esserne orgogliosi!

Nel tardo pomeriggio era prevista una ricognizione° al Palazzo Contucci messo all'asta° per dissapori° fra gli eredi. Ma anche qui, come per Colle Capitano, Mr. Scarabei si era adoperato° a far spostare la data. E il sindaco aveva dovuto contentarsi di illustrare teoricamente la realizzazione di un suo ambizioso progetto: spronare° la colonia newyorkese all'acquisto di Palazzo Contucci, «una perla dell'architettura rinascimentale in Umbria», e trasformarlo in un confortevole hotel per i concittadini emigrati che avessero voluto godere nel paese nativo di un periodo di vacanze.

Non era una proposta da lasciar cadere nel vuoto, aveva convenuto° l'italo-americano. Si riprometteva° di discorrerne con Frank che fra i suoi figli era quello che agognava,° a laurea conseguita,° un viaggio-premio in Italia. Quassù, certo, il «poeta di Brooklyn», come lo punzecchiava° Susy, ne avrebbe trovato di atmosfera per pascere le sue romanticherie!°

Specie di notte, quando l'abitato° faceva come ora tutt'uno col silenzio del paesaggio e i minuscoli rumori della terra, i boschi di faggio° inframmezzati° di aceri° dalla foglia ardente restavano ghiacciati nel bagno lunare, e l'uomo vi si affacciava° con lo stupore d'un sopravvissuto.° Uniche voci percettibili, gli orologi delle torri. Quanti? Sedici, lo aveva informato il sindaco. Pari al numero delle frazioni di cui non ricordava che Butino, Rescia, Nembo, Faina... Tutte torri medievali d'identica struttura con identici orologi dei F.lli Terrili di Recco, in un concerto di ore, di mezz'ore, di quarti che davano l'impressione di sminuzzare° il tempo in infinite scaglie.° E quando cessavano i colpi sonori di Villanova, di Faina, ecco che salivano nel cerchio bloccato delle montagne quelli di Rentina, della Torre del Comune° e di altri, via via in una conca° fermentante di vibrazioni variamente tramate,° a seconda delle stagioni e del clima secco o umido, da una cima all'altra sul fondo valle.

Alle cinque, allo sbrigliarsi° dei settantadue colpi del mattutino, si buttò dal letto, infilò il soprabito sul pigiama e si accostò° ai vetri, con cautela.° Sarebbe stato un grave dispiacere per la padrona della pensione e per

shaft/showcase

esperti

antique

recognition ceremony
auction/**dissensi**

si... *had done his utmost*

to spur

concordato/Si... Aveva l'intenzione

desiderava/ottenuta

teased

pascere... *feed on his romantic foolishness*
paese

beech trees/**alternati**/
maple trees

si... si presentava
survivor

rompere/*fragments*

city hall
basin
interwoven

outburst

si... si avvicinò/
precauzione

tutti i concittadini accorgersi che Mr. Scarabei non era riuscito a prender sonno,° e proprio a causa di quei sedici orologi che costituivano il loro principale vanto° insieme alla biga greco-arcaica.

In piedi, dietro gli sportelli della finestra, tacitando° la voglia di una tazza di caffè bollente, osservava l'immutato spettacolo delle montagne tra la luna declinante e l'aurora° che accendeva le nuvole sui picchi,° rimbalzava nelle guazze,° luceva sul rosso smaltato° delle scaravelle° tra le siepi: l'asprigno° companatico° dei suoi remoti autunni di ragazzo. —Dopo cinquantasei anni, però—si scosse —non si torna. O si torna profondamente mutati. Al punto di guardare e non vedere, di vedere e non ricordare. Insomma, più leggeri.

Giuseppe Cassieri
tratto da *Il Messaggero*
8 ottobre 1962

**prender...
addormentarsi
gloria, orgoglio**

silencing

**alba/cime (delle
montagne)**
dew/glazed/reeds
sour/**ciò che si mangia
col pane**

Esercizi

Domande

1. Perchè non riesce a dormire Mr. Scarabei?
2. Perchè il protagonista è designato come *Mr.* e non come il «signor» Scarabei?
3. A che cosa si riferisce il termine «colonia newyorkese»?
4. Che cosa è stato organizzato nella colonia newyorkese? A quale scopo?
5. Perchè il paese accoglie Mr. Scarabei così cordialmente?
6. Perchè Mr. Scarabei dice «non sono nè Garibaldi nè Franklin»?
7. Per quale motivo la colonia newyorkese dovrebbe acquistare il Palazzo Contucci, secondo il sindaco?
8. Quali sono i due principali vanti del paese?

Conversazione

1. Secondo te, i cittadini del paese conoscono veramente Mr. Scarabei? Come lo vedono?
2. Discutere il significato dei nomi della moglie e dei figli di Mr. Scarabei: Lucy, Robert, Frank, Susy.
3. A partire dalle prime parole del racconto ci sono molti riferimenti al tempo. Perchè?
4. Discutere il significato del discorso di Cencio sulla vita delle api.
5. Benchè il racconto tratti del viaggio di Mr. Scarabei in Italia, ci sono nel racconto delle indicazioni della vita americana. Paragonare le caratteristiche della vita americana e la vita che Mr. Scarabei trova nel suo paese nativo.
6. C'è un famoso romanzo americano, scritto da Thomas Wolfe, intitolato *You Can't Go Home Again*. Discutere il racconto in base a questo titolo.

Esercizi di grammatica e di lessico

A. *Per ogni verbo riflessivo sottoindicato, comporre una frase al passato prossimo.*

1. abituarsi
2. rimproverarsi
3. contentarsi
4. sentirsi
5. accorgersi

B. *Riscrivere le frasi dell'Esercizio* **A** *cambiando i verbi al passato remoto.*

C. *Elencare almeno dieci parole che riguardano il viaggiare.*

> **ESEMPI** *il passaporto*
> *la dogana* (customs)

D. *Sostituire le parole sottolineate col sinonimo appropriato.*

suscitato	intenditore
medesimo	cautela
allorchè	sorte
cenno	entrambe

1. Siccome Giorgio era troppo lontano per sentirmi, gli ho fatto un <u>gesto</u> di avvicinarsi.
2. Mi piace molto la musica classica, però non sono un <u>esperto</u>.
3. Quel film ha <u>provocato</u> una reazione forte nel pubblico.
4. Quella è la <u>stessa</u> ragazza che ho visto qui ieri sera.
5. Maria e Antonella sono fortunate; <u>tutte e due</u> vanno al mare quest'estate.
6. Nessuno può sapere quello che la <u>fortuna</u> gli porterà.
7. Mario ha appena preso la patente; allora guida la macchina con molta <u>precauzione</u>.
8. <u>Quando</u> la maestra non guardava, Paolo ha passato il biglietto al suo amico.

Temi per componimento

1. Scrivere un breve articolo giornalistico che racconti la visita di Mr. Scarabei al suo paese nativo.
2. Fare una ricerca sull'emigrazione italiana in America fra 1880 e 1920: quanti sono venuti e da quali parti d'Italia; in quali parti dell'America sono emigrati, ecc..
3. Scrivi la storia di un tuo parente che sia emigrato dall'Italia.
4. Se conosci qualcuno che sia venuto dall'Italia come emigrante e poi tornato per una visita, fagli un'intervista chiedendogli di descrivere il suo ritorno in Italia.
5. Per Cencio, la vita delle api esprime la sua idea della società americana. Scegli un animale che rappresenti la tua idea della vita negli Stati Uniti e spiega il perchè.

È DAVVERO UNA
SERVITÙ? ESSERE DONNA

Natalia Ginzburg
[1916–]

$\mathcal{B}$orn in Palermo, Natalia Ginzburg spent her childhood and much of her adult life in Torino, where her father was professor of anatomy at the University of Torino. Despite the rise of Fascism and the restrictions imposed upon free political and social expression by Mussolini's dictatorship, Natalia Ginzburg's family actively participated in the political and cultural revitalization of Italian life that developed in Torino in the 1930's. In her 1963 work *Lessico famigliare* (*Family Sayings*), winner of the Strega Prize, the writer provides a thoughtful portrayal of the manner in which her family experienced these tenuous times in Italian life. The involvement of Ginzburg's family and friends in clandestine anti-Fascist activities did not go unnoticed. Her father and three brothers were arrested on separate occasions, as was Leone Ginzburg, whom the writer married in 1938. For his opposition to Fascism, Ginzburg, professor of Russian literature, was sent into forced residence in Pizzoli, a town in the Abruzzi. Natalia and their two children soon joined him.

In the postwar years, Natalia Ginzburg worked at the Einaudi publishing house, and continued her prolific and varied literary career, publishing in 1952 *Tutti i nostri ieri* (*All Our Yesterdays*), in 1957 *Valentino*, which won the Viareggio Prize, and in 1973 the epistolary novel *Caro Michele*. Her most celebrated plays include *Ti ho sposato per allegria* and *L'inserzione* (1967), the latter of which was awarded the international Marzotto Prize for the theater. Natalia Ginzburg has also published several collections of essays, among them *Mai devi domandarmi* (1970), and *Vita immaginaria* (1974). These two volumes feature articles the writer contributed to *La Stampa* and *Il Corriere della Sera*.

Natalia Ginzburg currently resides in Rome, where she continues her literary career and has served as a member of the Italian Parliament.

The following selection illustrates a major function of the third page: to provide a forum for Italian intellectuals who, through their discussion of current ideas and issues, inform the general public. This forum often featured intellectual exchanges involving experts with drastically different opinions. Natalia Ginzburg wrote «**Essere donna**» in response to an article by Dacia Maraini, published in the weekly *Il Mondo*, in which the feminist author rebutted the ideas that Ginzburg had previously expressed about feminism. Unlike Natalia Ginzburg, Dacia Maraini is an Italian feminist writer who shares with other feminists sociopolitical convictions and goals. Some of these include, for example, the notion that certain events and experiences of women's existence unite them, despite economic or individual differences, and the need to achieve equality and female autonomy in the private and public spheres of activity. Though the Italian Constitution (1948) guaranteed the legal equality of all the country's citizens, women, like young children, were still subject to their husbands' authority in 1973, when Ginzburg's article appeared in *La Stampa*. In 1975 the **diritto di famiglia** went into effect, giving equal rights and responsibilities to wives and husbands.

Preparazione alla lettura

A. *Quali delle seguenti affermazioni condividi* (do you share)?

1. Gli uomini e le donne dovrebbero lottare insieme per migliorare la società e non solo la condizione della donna.
2. Una classe sociale consiste di persone che hanno gli stessi problemi.
3. Il sentimento principale che il femminismo esprime è l'antagonismo tra donna e uomo.
4. Le donne sono oppresse nella società contemporanea.
5. Le persone istruite devono iniziare e dare forma alle proteste sociali.
6. I lavori di casa e la cura dei figli dovrebbero essere equamente divisi tra la donna e l'uomo.
7. Le donne e gli uomini sono qualitativamente uguali.

B. *Accoppiare i seguenti nomi e aggettivi.*

A	**B**
1. vecchiaia	**a.** privilegiato
2. società	**b.** umiliato
3. femminismo	**c.** servile
4. umiliazione	**d.** uguale
5. uguaglianza	**e.** vecchio
6. inferiorità	**f.** sociale
7. privilegio	**g.** femminista
8. servitù	**h.** inferiore

C. *Qual è la prima parola,* **servitù** *o* **liberazione,** *che i seguenti vocaboli ti suggeriscono?*

rivoluzione	lavorare	equo
privilegio	sofferenza	ingiusto
oppressione	realizzarsi	libero
giustizia	trappola	donna
privazione	miglioramento	uomo
allevare i figli		

D. *Il verbo* **andare** *(nelle forme semplici, per esempio, il presente indicativo e l'imperfetto) usato con il participio passato può esprimere una necessità, e corrisponde a* **dover essere** + *il participio passato. Riscrivere le frasi, seguendo l'esempio.*

ESEMPI I compiti vanno fatti ogni giorno.
   (Homework must be done every day.)
   I compiti devono essere fatti ogni giorno.

   Gli sfruttati andavano aiutati.
   (The exploited had to be helped.)
   Gli sfruttati dovevano essere aiutati.

1. Il problema dell'inquinamento andava rivolto alle fabbriche.
2. La condizione umana va migliorata.
3. Le richieste femministe andranno considerate.
4. I lavori di casa vanno divisi tra l'uomo e la donna.

E. *In gruppi, elencate almeno tre argomenti che dovrebbero essere trattati in un articolo sul femminismo. Per esempio, il diritto della madre lavoratrice all'astensione retribuita* (paid leave) *dal lavoro gli ultimi tre mesi di gravidanza e i primi due mesi dopo il parto* (birth).

F. *Leggere il seguente articolo, prendendo appunti sui seguenti argomenti: le differenze tra le donne lavoratrici e le donne privilegiate; la condizione femminile; le differenze e le similarità tra le donne e gli uomini; le responsabilità famigliari e sociali degli uomini e delle donne.*

È davvero una servitù?
Essere donna

Qualche tempo fa, sul settimanale° *Il Mondo*, ho risposto ad alcune domande sul femminismo. Non amo il femminismo. Condivido° però tutto quello che chiedono i movimenti femminili. Condivido tutte o quasi tutte le loro richieste pratiche. Sullo stesso settimanale, Dacia Maraini ha controbattuto° le mie affermazioni. Le rispondo qui.

settimanale... *weekly magazine*

I share

ha... *countered, refuted attitude*

Non amo il femminismo come atteggiamento° dello spirito. Le parole «Proletari di tutto il mondo unitevi» le trovo chiarissime. Le parole «Donne di tutto il mondo unitevi» mi suonano false. Penso che tutte le lotte sociali debbano essere combattute da uomini e donne insieme. Le rivoluzioni e le battaglie che hanno come fine il miglioramento della condizione umana generalmente nascono da una idea del mondo in cui uomini e donne sono mescolati.° Per fare un figlio, ci vogliono una donna e un uomo. Questo fatto, noto e indiscutibile, testimonia la incompletezza della donna e l'incompletezza dell'uomo.

intermixed

Nel femminismo, la condizione femminile è concepita° come una classe sociale. Essendo state le donne umiliate e adoperate per secoli, è nata in loro una coscienza° di classe. Il femminismo vede le donne oggi come un esercito,° in marcia per la propria liberazione. Le donne non sono però una classe sociale. La coscienza di classe non basta a creare una classe sociale inesistente. Una classe sociale è una comunità di persone che hanno le medesime° necessità, le medesime privazioni, i medesimi problemi e disegni. Ora fra la vita delle donne che sono in stato di servitù, e la vita delle donne che appartengono alle società privilegiate, non esiste la più pallida rassomiglianza.°

conceived

consciousness

army

stesse

resemblance

* * *

È vero che le donne sono state adoperate e umiliate per secoli. Questo è, nella storia dei rapporti fra uomo e donna, uno dei molti aspetti da cui è possibile guardare la condizione femminile. Non è però l'unico aspetto da cui va guardata. Sbagliato è pensare che le umiliazioni subite° dalle donne siano l'unica essenza dei rapporti fra

endured

donna e uomo. È una visione del mondo rozza,° povera,   **primitiva**
riduttiva e limitativa. È una visione del mondo che, in
definitiva, non riflette la realtà. Il mondo è complicato e
multiforme e complicatissimi, drammatici e multiformi
furono e sono oggi i rapporti fra donna e uomo.

Il sentimento essenziale espresso dal femminismo
è l'antagonismo fra donna e uomo. Tale antagonismo, il
femminismo lo giustifica con le umiliazioni subite dalle
donne. Le umiliazioni danno origine a un desiderio di
rivalsa° e di rivendicazione. Il femminismo nasce dunque   **rivincita**
da un complesso d'inferiorità, antico di secoli. Ma sui
complessi d'inferiorità non si può costruire una visione
del mondo. Il pensiero è chiaro quando li ha conosciuti
e ne cammina lontano. Sui complessi d'inferiorità non si
può costruire nulla di solido. È come voler costruire una
casa con del materiale deteriore° e scadente.°   *worn*/**inferiore**

In una giusta visione del mondo, al centro stanno
l'amore e l'odio, e il falso e il vero. Nel femminismo, al
centro non stanno l'amore e l'odio, nè il falso e il vero,
ma al centro stanno le rivalse, le rivendicazioni, l'umiliazione e l'orgoglio.

Esistono stuoli° di donne che vivono in stato di   **moltitudini**
servitù. Battersi° per la loro liberazione dovrebbe essere   **Lottare**
per tutti un problema essenziale. Esistono però altri stuoli
di donne che non vivono in stato di servitù e appartengono
alle società privilegiate. Al presente, esse non sono mai
nè adoperate, nè umiliate. La loro vita è grondante° di   *overflowing*
ogni specie di privilegio. Ma il femminismo dice che la
condizione femminile è in se stessa uno stato di servitù.
Così esse si raffigurano° la loro condizione femminile   **immaginano**
come le mura di un carcere.° Innalzano° la loro volontà   **prigione/Alzano**
di liberazione come una bandiera.° Da che cosa vogliono   *flag*
essere liberate, non è affatto chiaro. Esse dicono che
vogliono essere liberate dal disprezzo° che alle donne   *scorn*
mostrano gli uomini. È vero che a volte alle donne succede
di incontrare questo disprezzo. Si tratta però di qualcosa
di occasionale e irrilevante. È un disprezzo che non
offende nessuno essendo vecchio e futile, svaporato° nei   (lit.) *evaporated*
secoli, e, nelle classi privilegiate, totalmente privo di
conseguenze. Essendoci al mondo molte cose da fare, lo
sdegno° delle donne per il disprezzo degli uomini, nelle   **indignazione**
classi privilegiate, mi sembra una pura perdita di tempo.
Lo sdegno va rivolto° dove è giusto rivolgere lo sdegno.   *directed*

Il disprezzo degli uomini per le donne, fuori delle
classi privilegiate, è invece carico° di conseguenze. Qui   *filled*
esso vuol dire per le donne una raddoppiata e triplicata

condizione di servitù. Donne devono sopportare° la fatica *endure*
disumana di generare figli, allevarli,° accudire° ai loro *raise them*/**attendere**
uomini e lavorare per vivere. Il disprezzo dell'uomo lo
respirano a casa e nel lavoro. Ma poichè le conseguenze
del disprezzo dell'uomo le soffrono in verità soltanto le
donne che sono in stato di servitù, ciò significa che a
essere adoperata e umiliata non è la condizione femminile,
ma la condizione umana. Lo sdegno va rivolto non contro
la specie virile, ma contro chiunque offenda la condizione
umana.

Secondo il femminismo, la condizione femminile è
una condizione umiliante. Umilianti e grotteschi sono, per
il femminismo, tutti gli oggetti che riguardano le attività
casalinghe,° e umilianti e grottesche tutte quelle che sono **domestiche**
le attività delle donne nella vita famigliare. Umiliante è,
per il femminismo, anche generare figli e allattarli,° così *nurse them*
come è umiliante accudire alle case, umiliante è per le
donne dedicarsi agli altri e non a se stesse. Questo è
avere una visione del mondo astratta e deformata. In una
simile visione del mondo, è definito grottesco e umiliante
tutto quello che costituisce l'esistenza famigliare. Chi
dovrebbe invece delle donne generare figli, e accudire e
tener pulite le case dove essi crescono, nell'idea femminista non è affatto chiaro.

Dicono che le lotte sociali devono partire dalle classi
privilegiate, perchè solo le classi privilegiate sono in
grado° di dare forma e parole alle proteste sociali. Ma le **sono... sono capaci**
classi privilegiate, essendo oggi quanto mai lontane dalla
realtà, sovente° danno origine a idee astratte e deformate, **spesso**
e il femminismo è una di esse. Perciò la protesta delle
donne delle classi privilegiate contro la servitù che si
nasconde nel loro destino, non è per nulla una innocua
protesta. Essa crea rumore e genera confusione. Essa
distoglie° l'attenzione universale dalla condizione dei veri **toglie via**
diseredati° e dei vari sfruttati. Distoglie l'attenzione *destitute people*
dall'unica necessità esistente nel mondo attuale, che è
distruggere l'attuale società e ricostruirla, distruggere gli
attuali rapporti fra le persone e ricostruirli.

Poichè tutti sentiamo il peso dei nostri privilegi, le
donne delle classi privilegiate hanno immaginato la condizione femminile come segno di servitù. Nessuno ama
oggi essere nel numero dei privilegiati e tutti desiderano
appartenere al numero degli oppressi. Il femminismo
accorda° a ogni donna il colore e l'uniforme dell'oppres- *grants*
sione.

Il femminismo veste le donne di un'uniforme. Ora se c'è una cosa sicura, è che bisogna cercare di non vestire nessuna uniforme, e meno che mai bisogna vestire uniformi quando le uniformi coprono diversità di disegni e di privilegi, quando sono cioè una simulazione. Nel caso del femminismo, l'uniforme è quella della rivolta contro la specie virile. Essendovi al mondo oggi precise, concrete e assai chiare ragioni di rivolta contro una società ingiusta, la rivolta del femminismo contro la specie virile è una pura perdita di tempo, una pura futilità, una colpevole occasione di rumore e di confusione e un puro errore.

*   *   *

Il femminismo afferma che i lavori di casa, e la cura dei figli, dovrebbero essere equamente divisi fra donne e uomini. Questo, come ogni altra richiesta pratica e concreta dei movimenti femminili, mi sembra giustizia. Nel femminismo esiste però l'idea falsa che i lavori di casa e la cura dei figli siano un'umiliazione. Non è vero che i lavori di casa e la cura dei figli debbano essere divisi con gli uomini perchè umilianti. Devono essere divisi con gli uomini perchè, fra uomo e donna, tutto dovrebbe essere equamente diviso, come tutto deve essere diviso fra eguali.

La condizione femminile, in se stessa, non è nè una ragione di umiliazione nè una ragione d'orgoglio, allo stesso modo come non è nè una ragione di umiliazione nè una ragione d'orgoglio essere un uomo.

Poichè sono le donne a generare i figli, il peso di accudirli e crescerli tocca soprattutto alle donne. Esiste fra le madri e i figli un rapporto di una qualità particolare, segreto e sotterraneo, un rapporto a cui non si sfugge° *escape* perchè attraversa e confonde° insieme le vie delle viscere **mescola** e le vie dello spirito. Una donna all'uomo può chiedere aiuto, ma il peso dei figli rimane comunque sulle sue spalle. Essa si sente tenuta ad accudire ai figli. Quando non lo fa, si sente in colpa, e quando lo fa, si sente ansiosa e irrequieta° e traduce allora l'ansietà e l'irrequietudine *restless* in un senso di umiliazione e frustrazione.

Le sembra che non avrà mai più pace e non sarà mai più libera. Si dibatte° nei grovigli° dell'affetto, come **Si...** *She struggles/tangles* una bestia presa in trappola, e poichè l'affetto materno è un sentimento che non rassomiglia a nessun altro, i legami oscuri e viscerali che la tengono stretta al figlio le sembrano il contrario della chiarezza e della libertà. Ma contro una simile sensazione, non esistono difese possibili, essendo una sensazione d'angoscia che non ha nulla da fare con le colpe della società. Un errore è credere che una simile sensazione, essendo oscura e viscerale, sia umiliante. Anche la maternità non è in se stessa nè una ragione d'umiliazione, nè una ragione d'orgoglio. Essenziale è soltanto riconoscerne e amarne insieme la felicità e il dolore indivisibili l'una dall'altro.

Essenziale mi sembra il separare le sofferenze e le angosce che fanno parte della condizione umana, dalle sofferenze e le angosce di cui è colpevole la società in cui viviamo. Il femminismo sembra non separarle. Secondo il femminismo, una donna che ha passato la vita a crescere i figli, si trova a mani vuote nell'età matura, e questo è secondo il femminismo una colpa della società nei confronti delle donne. Ma in verità la società di questo non ha colpa. Anche agli uomini succede di trovarsi a mani vuote nell'età matura. Chi invecchia, si sente a mani vuote. È evidente che la società dovrebbe provvedere materialmente a quelli che invecchiano. Ma contro l'angoscia della vecchiaia, e la sensazione d'avere speso inutilmente la propria esistenza, la società non ha nessun potere. Le difese sono personali e individuali. Ciascuno è tenuto a scegliersi quelle che gli suggerisce il suo spirito.

*   *   *

Il femminismo ha una parola ambigua, che genera una grande confusione. La parola è «realizzata». Una donna che passa la vita a crescere i figli, secondo il femminismo, non si è «realizzata». Allo stesso modo però allora non si è «realizzato» un uomo che passa la vita a lavorare per mantenerli. La parola «realizzarsi» sembra non tener conto° che il mondo è multiforme e che gli esseri umani hanno infinite maniere di spendere il proprio ingegno,° di avvilirsi° o fiorire.°

tener... considerare

intelligenza/*lose heart*/
flourish

Capire lucidamente quali sono le cose che il suo destino gli chiede, e quali sono i suoi precisi compiti nei confronti di se stesso e del prossimo, questo è il fine di ognuno. Il «realizzarsi» è in verità qualcosa di assai sottile, complicato e nascosto, che non è più possibile pesare su bilance° nè leggere chiaramente sopra il corso della nostra vita. Presa alla lettera, la parola «realizzarsi» porta donne che non hanno nessuna difficoltà di denaro e non hanno una vocazione irrevocabile e precisa, a fare confusamente

scales

cose inutili, che trovano squallide ma che hanno chiamato «realizzarsi». Esse gli servono in verità come alibi, per non fare cose minute e vicine e per non fare in definitiva nulla di preciso.

Se c'è una cosa sicura, è che non esiste fra uomini e donne una differenza qualitativa. Se questo nei secoli non è stato riconosciuto, è però oggi una verità lampante,° **chiara** e non importa se non è ancora una verità lampante per tutti. Verità lampanti, non ancora lampanti per tutti, sono numerose. Ma il femminismo non parte da questa verità lampante. Parte invece dal presupposto° che le donne, **presupposizione** benchè umiliate, siano migliori degli uomini. Le donne non sono in realtà nè migliori nè peggiori degli uomini. Qualitativamente, sono uguali.

La differenza fra uomo e donna è la stessa differenza che c'è fra il sole e la luna, o fra il giorno e la notte. Una visione giusta del mondo è il pensiero che li pensa diversi e indivisi, come sono fra loro diverse e indivise tutte le cose che stanno nel centro della condizione umana.

Nei nostri momenti migliori, il nostro pensiero non è nè di donna, nè di uomo. È tuttavia ugualmente vero che su tutto quello che noi pensiamo o facciamo, esiste l'impronta° della nostra fisionomia singola, e se siamo *imprint* delle donne, i segni femminili del nostro temperamento si stampano sulle nostre azioni e parole. Ma il nostro fine ultimo è quello di raggiungere un dominio dove uomini e donne indifferentemente possano riconoscersi in noi e la nostra fisionomia personale sia dimenticata.

Natalia Ginzburg
tratto da *La Stampa*
15 aprile 1973

Esercizi

Domande

1. Perchè Natalia Ginzburg ha scritto l'articolo «Essere Donna»?
2. Come definisce la Ginzburg una classe sociale, e perchè non pensa che le donne rappresentino una classe sociale?
3. Quali differenze esistono tra le donne privilegiate e le donne sfruttate che sono in stato di servitù?
4. Conoscono e capiscono le classi privilegiate la realtà quotidiana degli operai, delle lavoratrici, e dei disoccupati? Perchè?
5. Quale richiesta femminista condivide la Ginzburg? Sei d'accordo con la scrittrice, e perchè?
6. Descrivere i conflitti sentimentali che, secondo la scrittrice, esistono nei rapporti tra le madri e i figli.
7. Qual è l'argomento principale dell'articolo, il femminismo o la condizione umana? Perchè?

Conversazione

1. Dare un breve riassunto delle idee positive e negative che, secondo la scrittrice, il movimento femminista genera in Italia.
2. Come descrive la scrittrice i rapporti fra donna e uomo? Condividi il suo punto di vista? Spiegare il perchè.
3. Secondo la Ginzburg, quali problemi hanno in comune le donne e gli uomini? Quali sono degli altri problemi che hanno in comune?
4. Secondo l'autrice, quali differenze esistono fra gli uomini e le donne? Usando esempi, dare la tua opinione sulle differenze fra gli uomini e le donne.
5. Spiegare la frase «nei nostri momenti migliori, il nostro pensiero non è nè di donna, nè di uomo», presentando anche le tue idee.
6. Descrivere le tue impressioni del femminismo americano e paragonarle a quelle presentate nell'articolo del movimento femminista italiano.
7. In gruppi, discutere in rapporto all'articolo gli argomenti che avete identificato nell'Esercizio E della **Preparazione alla lettura.** Scegliere l'argomento più importante che la Ginzburg non ha trattato, e presentarlo agli altri studenti spiegando le ragioni per cui è di particolare importanza.

Esercizi di grammatica e di lessico

A. *Riscrivere le seguenti frasi nella forma passiva, seguendo l'esempio.*

ESEMPIO Il femminismo vede le donne come un esercito.
Le donne sono viste come un esercito dal femminismo.

1. Alcuni movimenti sociali migliorano la condizione umana.
2. Le femministe concepiscono la condizione femminile come una classe sociale.
3. Il sistema ha sfruttato i poveri.
4. Natalia Ginzburg ha scritto l'articolo.
5. Il signor Marchi e sua moglie dividevano sempre i lavori casalinghi.

B. *Scrivere delle frasi a tempi diversi, usando le seguenti coppie di parole.*

1. condividere/idee
2. appartenere (a)/classe sociale
3. giustificare/opinione
4. controbattere/affermazioni
5. migliorare/società
6. concepire/teoria
7. avere/complesso d'inferiorità
8. sopportare/fatica
9. mantenere/famiglia
10. raggiungere/fine (*m.s.*)

C. *Cambiare le seguenti frasi al plurale o al singolare, secondo il caso.*

1. Quella femminista ha fatto una richiesta pratica che doveva cambiare l'attività casalinga dell'uomo.
2. Le fruttivendole pesano le pesche sulle bilance.
3. Era un film drammatico che rifletteva l'angoscia della società contemporanea.
4. Sua figlia è l'unica che non abbia quel privilegio.
5. Quelle persone si battono per risolvere i problemi sociali nelle loro comunità.

D. *Fornire il verbo che ha la stessa radice del nome indicato.*

ESEMPIO umiliazione
umiliare

1. richiesta
2. lotta
3. rassomiglianza
4. rivendicazione

5. esistenza
6. disprezzo
7. perdita
8. nascondiglio

E. *Per ciascuna delle seguenti espressioni scrivere una frase, alternando i tempi.*

1. essere privo di
2. essere in grado di
3. sentirsi in colpa

4. fare parte di
5. nei confronti di
6. tenere conto di

Temi per componimento

1. Sul settimanale *Il Mondo* Dacia Maraini ha controbattuto le affermazioni di Natalia Ginzburg sul femminismo. Identificare tre idee principali sul femminismo presentate dalla Ginzburg e controbatterle nella forma di un articolo.
2. Spiegare la frase «Ma il nostro fine ultimo è quello di raggiungere un dominio dove uomini e donne indifferentemente possano riconoscersi in noi e la nostra fisionomia personale sia dimenticata». Presentare anche le tue idee.
3. Descrivere com'erano divise nella tua famiglia le responsabilità economiche e famigliari durante la tua gioventù.
4. Come sarebbe, secondo te, la coppia ideale in rapporto al lavoro, le faccende di casa e la cura dei figli? Presentare le tue idee in forma di dialogo tra due persone.

Carlo Levi

NON PIÙ ESILIATI MA PROTAGONISTI

Carlo Levi
[1902–1975]

*I*n the scope of his interests and achievements Carlo Levi was a renaissance man: a painter, writer, journalist, and senator. Born and raised in Torino, he earned a degree in medicine but chose to dedicate himself to painting. Active in anti-Fascist activities from the time of his youth, Levi was arrested in 1935 and sent into exile in the southern Italian region of Lucania (now Basilicata). Released in 1936, he later played an active role in the Resistance movement. After the war he became one of the leading cultural figures in Italy. In addition to publishing several books, he continued his work as a painter, worked as a journalist for *La Stampa*, served in the Italian Senate from 1963 to 1972, and was one of the most outspoken and respected advocates of social reform for the Italian South.

Levi is best known as the author of *Cristo si è fermato a Eboli*, a chronicle of his experiences while in exile among the impoverished peasants of Lucania. Published in 1945, the book was soon translated into several languages and became an international literary sensation. (A film version, directed by Francesco Rosi, appeared in 1979.) Through his portrayal Levi revealed to northern Italians, and to the rest of the world, the startling conditions of southern Italy, known as the **Mezzogiorno.** Centuries of foreign domination and exploitation had left the South with the legacy of a stagnant agrarian economy and an impoverished peasant class with little hope for change. As a result, millions of people have emigrated from the South in the past one hundred years, including the vast majority of more than three million Italians who came to the U.S. between 1880 and 1920.

A vivid account of a forgotten people, as well as a denunciation of the forces that have determined their appalling situation, *Cristo si è fermato a Eboli* has done more than any other single work to focus attention on the **problema del Mezzogiorno.** It is a problem that has perplexed Italy since its unification, but it was not until the 1950's that the government made a concerted effort to revitalize the economy of the South. While much progress has been made, the southern question is still considered by many to be the nation's single most important socioeconomic issue.

The lifelong dedication to the problems of southern Italy fostered by his experience in Lucania is evident in two other books Levi wrote after the war: *Le parole sono pietre* (1955) and *Tutto il miele è finito* (1964), which deal with conditions in Sicily and Sardinia, respectively. Another manifestation of that commitment was Levi's pivotal role in **FILEF** (**Federazione Italiana dei Lavoratori Emigrati e Famiglie**), which Levi served as president from its founding in 1967 until his death.

«Non più esiliati ma protagonisti», an excerpt from a speech made to the Italian Senate on behalf of **FILEF** on April 9, 1970 (and published in *L'Unità* two days after his death in 1975), reveals Levi's strong feelings about emigration, a major consequence of the South's economic plight. In his speech Levi discusses not only emigration to foreign countries, but also the phenomenon of internal emigration, which saw masses of Italians leave the farmlands of the South to work in the factories of the North during the postwar economic boom. The problems associated with such large-scale emigration, argues Levi, harm both those individuals forced to abandon their homes and the well-being of the nation as a whole.

Preparazione alla lettura

A. *Immagina la seguente situazione: dove abiti non c'è nessuna possibilità di trovare un lavoro; perciò sei forzato a lasciare la tua famiglia e ad andare, da solo, in un paese straniero dove non sei mai stato, e la cui lingua non parli, per trovare un lavoro. Trovandoti in quella situazione, cerca di esprimere i tuoi sentimenti.*

Parole utili

emigrazione
vergogna
espulsione
esiliato
costretto
forzato
disumano

B. *Raggruppare le seguenti frasi secondo la categoria appropriata,* **cause dell'emigrazione** *o* **risultati.**

1. Le istituzioni sociali autoritarie e repressive.
2. Essere espulsi dalla comunità nazionale.
3. La mancanza di lavoro.
4. La separazione dalla famiglia.
5. Essere privati delle radici culturali.
6. Lo spopolamento delle campagne.

C. *Dare una definizione o un sinonimo delle parole sottolineate.*

1. Luigi Russo non voleva lasciare il suo paese, ma per mancanza di lavoro era costretto ad emigrare.
2. Siccome aveva interrotto tante lezioni e disturbato tanti studenti, Michele è stato espulso dalla scuola.
3. Nessuno mi ha forzato di portarti alla festa; l'ho fatto volentieri.
4. Per dimostrare la loro opposizione alle nuove regole universitarie, gli studenti hanno organizzato una manifestazione nella piazza.
5. Povero ragazzo! È stato privato di tutti i suoi giocattoli dai genitori.
6. Uno per uno Maria ha elencato tutti i regali che voleva per il suo compleanno.
7. Il ladro ha strappato la borsa dalla mano della vecchietta.

D. *Leggere il seguente articolo prendendo appunti su questi argomenti: i problemi creati dall'emigrazione, sia per gli individui sia per la nazione; il significato del titolo «Non più esiliati ma protagonisti»; il tema principale del discorso.*

Non più esiliati ma protagonisti

P rendiamo dunque fra i tanti un problema, o un complesso di problemi, che corrisponde ad una realtà fondamentale e determinante° della comunità nazionale: la emigrazione. È questo il problema di cui parlavo in principio: ed è solo per sollecitazione° dell'organizzazione degli emigrati, la cui federazione rappresento, che ho preso la parola, a cui avrei questa volta volentieri° rinunciato. Essi desiderano giustamente che la loro condizione, la loro volontà, il loro giudizio siano posti davanti al Parlamento, al governo, all'opinione pubblica; che siano posti come una pietra di paragone,° una base di scelta politica. E io vorrei anche che ciò servisse in un certo senso di norma, di indicazione di metodo, per una politica concreta e reale.

    Accennerò soltanto, qui, a queste cose; non occorre° che vi porti dei dati,° che del resto suppongo voi conosciate. È certo un problema fondamentale della vita nazionale, che riguarda direttamente milioni di italiani, e indirettamente, ma in modo sensibile° e determinante, tutto il Paese.

    La stessa natura del fenomeno dell'emigrazione forzata di massa lo pone al centro della vita del Paese, sintomo e risultato di un'antica situazione economica e sociale, dell'esistenza o permanenza di strutture autoritarie repressive e schiavistiche.° Che milioni di italiani si trovino dalla nascita nella posizione di classe subalterna,° di servi senza diritto, di uomini senza pane e speranza, senza lavoro nella Repubblica che per Costituzione è fondata sul lavoro,[1] è uno scandalo, è una vergogna che si cerca invano di nascondere.

    L'emigrazione è per noi quello che per gli Stati Uniti è il problema negro. La sua esistenza contesta° obiettivamente il valore della nostra struttura sociale. Milioni di cittadini italiani sono strappati,° con violenza che è nelle cose, nelle strutture storiche, nelle istituzioni, dalla terra, dalla casa, dalla famiglia, dalla lingua, ed espulsi° dalla

decisiva

a richiesta di

con piacere

pietra... *touchstone*

è necessario
data

concreto

tiranniche

inferiore

mette in dubbio

torn away

mandati via (p.p. **di «espellere»**)

---

[1] **lavoro** l'Articolo 4 della Costituzione italiana riconosce il diritto di tutti i cittadini di lavorare

comunità nazionale, esiliati in un altro mondo, privati°   *deprived*
delle radici culturali, buttati nel deserto, capri espiatori°   **capri...** *scapegoats*
delle nostre colpe. La loro esistenza è la prova del carattere
non libero nè democratico delle nostre strutture politiche,
economiche e sociali, sicchè° è giusto dire che finchè un   **di modo che**
solo uomo sia costretto,° sia forzato all'esilio violento, non   **obbligato**
esisterà in Italia nè vera giustizia, nè vera libertà per
nessuno.

    L'emigrazione incide° su tutta la vita del Paese, in   **pesa**
tutti i campi. Non vi farò un lungo discorso per dimos-
trarvelo: questo lo faremo in sede° più appropriata: ma   **luogo**
vi accennerò soltanto, perchè essa, nata da strutture
economiche, sociali e politiche insufficienti, prova del
carattere autoritario, repressivo, idolatrico° e paterno   *idolatrous*
delle istituzioni e dei loro residui, tocca ogni momento
della nostra convivenza.°   **coesistenza**

    Tutti i problemi nazionali ne sono condizionati o
modificati o alterati, o corrotti: quello del Mezzogiorno,
quello dell'abbandono delle campagne, quello della difesa
dell'urbanesimo, per cui le emigrazioni interne da un lato
ci danno lo spopolamento delle campagne e dall'altro
questi mostruosi agglomerati cittadini; quello dell'agricoltura, quello dello spopolamento delle campagne, quello
della difesa del suolo° e del territorio; quello della casa,   *land*
quello della scuola, perfino quello dell'ordine pubblico
(per esempio il brigantaggio° sardo° è legato strettamente   *banditry/Sardinian*
al problema dell'emigrazione), quello della cultura—perchè
non c'è soltanto l'emigrazione di braccia, ma c'è anche
l'emigrazione di intelligenze che perdiamo dopo avere
speso miliardi per la loro salute pubblica, quello del
diritto, quello del lavoro, e, naturalmente, quello della
politica estera.°   **politica...** *foreign policy*

    Infine, se noi poniamo il problema della emigrazione
al centro della nostra attenzione, dovremo rivedere tutto
il programma d'azione dei governi in tutti i campi della
vita nazionale, ed operare per una economia che garan-
tisca il pieno impiego,° per una programmazione demo-   **pieno...** *full employ-ment*
cratica che difenda il lavoro non soltanto nel complesso
nazionale, ma differentemente nei vari paesi, luoghi e
regioni di origine, per una formazione di autonomie locali,
regionali e comunali che non escluda alcun cittadino da
un potere deliberante,° per una scuola realmente popo-   *deciding*
lare, per una politica estera di pace e di inziativa, per
una assistenza nazionale,° per una riforma agraria che   **assistenza...** *welfare*
permetta un'agricoltura moderna, per una riforma della

previdenza sociale° e delle pensioni, per una riforma urbanistica che abolisca il privilegio proprietario, per un potere sindacale° ed operaio riconosciuto ed operante.

    È inutile entrare qui in questioni particolari; il senso delle interrelazioni dei problemi è ormai del resto noto —non sto infatti scoprendo cose inedite°— a tutti, tranne che a certi uomini politici che non vogliono saperne, ma è soprattutto presente alle forze del lavoro, che ci hanno mostrato, attraverso le manifestazioni° di questi ultimi mesi, come questa interrelazione, questa capacità di uscire dal problema particolare, dal problema sindacale in senso stretto, per spostarsi su una visione generale dei problemi del Paese, sia presente nei sindacati, negli operai e nei contadini.

    (...) Ora, tutti questi momenti nei quali gli italiani prendono coscienza° dei propri problemi e cercano di far conoscere la loro volontà, rappresentano degli esempi di come la visione del rapporto tra la politica generale italiana e i movimenti dei lavoratori (i quali impostano le loro rivendicazioni° sindacali come valori validi per tutti, dimostrando ormai la propria egemonia° culturale) sia ormai in essi del tutto chiara, e tale da fare degli emigrati i protagonisti del proprio destino.

    Tutti i giorni tuttavia noi assistiamo a° nuovi episodi di una condizione di vita intollerabile, sia nell'emigrazione all'estero che in quella interna. Anche nella settimana passata abbiamo avuto dimostrazione delle condizioni di estremo disagio,° addirittura disumane, in cui vive questa gente, costretta ad abitare in baracche, in alloggi,° che, come quelli della ditta Bosch, di cui parla un giornale di fabbrica tedesco, sono simili a campi di concentramento. Assistiamo continuamente alle espulsioni che avvengono in base a leggi svizzere° che risalgono al tempo della guerra e che erano state fatte più che altro per tutelare° il Paese dalle infiltrazioni naziste; così come noi usiamo tutti i giorni i nostri codici fascisti, anche gli svizzeri usano il loro codice antifascista, ma lo usano alla rovescia.° Abbiamo assistito all'espulsione, per opera appunto della Fremdempolizei,° di bambini, o di stagionali° che in quanto tali° non possono entrare se non quando hanno un contratto. Vi sono dunque delle limitazioni alla normale vita di un cittadino membro di una comunità civile che non sono certo tollerabili.

    Questi casi avvengono ogni giorno, come ogni giorno—e questo è interessante— si verificano casi di spontanea solidarietà operaia. Per esempio ho letto ieri sul

---

previdenza... *social security*

labor union (adj.)

unheard of (lit.) *unpublished*

demonstrations

prendono... *become aware*

claims

supremacy, hegemony

assistiamo... *witness*

hardship

lodgings

Swiss

proteggere

alla... *upside down*

immigration police/seasonal workers

in... *as such*

Giorno la notizia che a Ginevra operai italiani sono scesi in sciopero° per appoggiare° i lavoratori spagnoli in sciopero essi stessi, attuando° così nei fatti una unità sindacale internazionale.

sono... *went on strike/* **aiutare** **concretizzando**

Non è il caso che io vada avanti elencando questi fatti particolari. Voglio dire soltanto che l'emigrazione, onorevole Presidente del Consiglio,[2] ha preso o va prendendo ormai completa coscienza di sè. Siamo in una fase nuova, quella che si è chiamata la fase del ritorno. L'emigrante, come persona destituita di ogni diritto civile, sradicato° dalla propria terra, dal proprio paese, dalla propria lingua esiste ancora, ma è oggi il portatore della coscienza di rappresentare un uomo nuovo, di essere una forza nuova, di avere in sè una cultura nuova in formazione. Ho sentito moltissimi di essi dire, in maniera ben chiara e ben consapevole:° noi siamo gli uomini del domani, consci cioè di costituire un potere che è il massimo dei poteri, cioè il potere dei piccoli. «Non più esiliati ma protagonisti»: questa è la frase nata dal mondo degli emigrati e che noi abbiamo preso come motto della loro federazione.

uprooted

conscio

Carlo Levi
tratto da *L'Unità*
6 gennaio 1975

---

[2] **Presidente del Consiglio** il Presidente del Consiglio dei Ministri è il capo del governo italiano; corrisponde al *Prime Minister* del sistema parlamentare inglese

Esercizi

Domande

1. Qual è il motivo immediato per cui Levi fa il suo discorso al Senato?
2. Riassumere brevemente le idee principali del discorso.
3. Secondo Levi, quali sono le cause dell'emigrazione?
4. In che senso l'emigrazione è un problema nazionale?
5. Come si potrebbe risolvere il problema dell'emigrazione, secondo Levi?
6. Quale episodio recente descrive Levi per dimostrare le difficoltà confrontate dagli emigrati?
7. Qual è la fase nuova di cui parla Levi alla fine del discorso?

Conversazione

1. Spiegare il titolo del discorso.
2. Secondo te, qual è lo scopo principale del discorso?
3. Levi dice che gli emigrati sono forzati all'esilio violento. Nel contesto di questo discorso, spiegare il significato di «esilio violento».
4. Esiste negli Stati Uniti un fenomeno simile a quello di cui parla Levi?
5. Secondo Levi, «l'emigrazione è per noi quello che per gli Stati Uniti è il problema negro». Discutere questa dichiarazione.
6. Se tu dovessi emigrare in un paese straniero, che cosa ti mancherebbe della vita americana?

Esercizi di grammatica e di lessico

A. *Nel suo discorso Levi adopera spesso la forma passiva del verbo, forse per rendere l'idea che gli emigrati sono stati forzati ad emigrare. Accoppiando come vuoi i seguenti soggetti e verbi, scrivi delle frasi al passato prossimo usando la forma passiva del verbo.*

ESEMPIO italiani
strappare
Milioni d'italiani sono stati strappati dalla loro terra.

soggetti	**verbi**
1. i turisti	**a.** forzare
2. lo studente	**b.** terrorizzare
3. io	**c.** obbligare
4. gli operai	**d.** privare
5. i prigionieri	**e.** espellere

B. *Nel contesto del discorso di Levi, raggruppare i seguenti aggettivi nella categoria appropriata,* **emigrati** *o* **strutture politiche.**

1. subalterno
2. autoritario
3. sindacale
4. destituito

5. paterno
6. repressivo
7. sradicato
8. schiavistico

C. *Accoppiare i seguenti problemi con le loro soluzioni possibili.*

1. la mancanza di rappresentazione politica
2. l'abbandono dell'agricoltura
3. la disoccupazione
4. il problema della casa
5. le condizioni disumane degli emigrati che lavorano all'estero

a. istituire riforme agrarie
b. formare una federazione
c. applicare riforme urbanistiche
d. creare un'economia che garantisca il pieno impiego
e. stabilire un'unità sindacale che aiuti tutti gli operai

D. *Completare le seguenti frasi in cui l'espressione impersonale richiede l'uso del congiuntivo.*

ESEMPIO È ovvio che l'emigrazione/essere
È ovvio che l'emigrazione sia un problema nazionale.

1. Non è il caso che io/elencare
2. Occorre che il governo/stabilire
3. È importante che gli operai/appoggiare
4. È necessario che gli emigrati/prendere coscienza di

Temi per componimento

1. È un mese da quando sei arrivato, come emigrante, in un paese straniero. Scrivi una lettera ad un tuo parente (madre, fratello, ecc.) in cui descrivi i tuoi sentimenti.
2. Scrivere un riassunto di un film o di un libro che tratta la questione dell'emigrazione o del Mezzogiorno, per esempio, *Pane e cioccolato (Bread and Chocolate), La terra trema, Pane e vino (Bread and Wine), Swept Away.*
3. Scrivere un breve rapporto su una regione o una città meridionale.
4. Secondo Levi, gli emigrati sono capri espiatori (*scapegoats*) delle colpe degli italiani. Scrivere un riassunto di un film o di un libro in cui il protagonista è un capro espiatore delle colpe degli altri.

Primo Levi

NEL CRISTALLO UNA DONNA-CICOGNA

Primo Levi

[1919–1987]

$\mathcal{P}$rimo Levi's novels and short fiction have increasingly drawn the attention of critics and readers in Italy and abroad. His frank, sensitive depictions of the Jewish partisans, of survival and death in concentration camps, as well as his fantastical stories that treat the world of science and technology, feature diverse themes revealing the noble and terrifying potentialities of human nature.

The depth and variety of Levi's creative talent are largely attributable to the events and attitudes that he confronted as a young man. Raised in a middle-class Jewish family, Levi entered the University of Torino in the thirties. During the same period, Mussolini began to tragically mimic Hitler's anti-Semitic campaign by circulating propaganda and instituting repressive racial laws. Although the anti-Semitic laws hindered Levi's doctoral studies in chemistry, he graduated cum laude in 1941. Unable to pursue his profession as a chemist, Levi clandestinely worked at odd jobs and made contact with individuals who belonged to the resistance movement. In 1943 he joined a group of partisans operating in the Piedmont region, but was arrested in a matter of months as a member of the anti-Fascist resistance. After a brief internment in the Fossoli concentration camp, Levi was deported to Auschwitz. In response to the conditions and events that he survived, Levi began his literary career with the novel *Se questo è un uomo*, 1947 (*Survival in Auschwitz*), a sobering account of the death camp. *La tregua*, 1963 (*The Reawakening*), which was awarded the Campiello Prize, narrates Levi's adventuresome return to Italy by way of the Eastern European countries, whereas *Se non ora, quando?*, 1982 (*If Not Now, When?*), provides gripping testimony of the Yiddish partisans' anti-Nazi efforts.

In addition to his activities as a chemist, novelist, and short-story writer, Primo Levi also contributed short fiction, poetry, and personal essays to several journals and daily newspapers, among them, *Il Mondo*, *Il Giorno*, and *La Stampa*. The short story «**Nel cristallo una donna-cicogna**» illustrates this author's rich inventiveness, a fundamental dimension of his literary skill in the collections *Storie naturali* (1967) and *Vizio di forma* (1971). In this selection, as in his science-fiction tales, the fantastic affords a novel perception of the human consciousness.

Preparazione alla lettura

A. *Il modo in cui un individuo vede la sua propria personalità non sempre corrisponde al modo in cui gli altri la vedono. Paragona le tue impressioni di una persona che conosci bene con l'impressione che, secondo te, quella persona ha di se stessa.*

B. *Le seguenti parole sono contrari. Fornire un sinonimo o una definizione per ciascuna parola nella seconda colonna.*

1. grasso	allampanato	magro
2. interessante	noioso	
3. brutto	grazioso	
4. ingenuo	furbo	
5. pigro	vivace	
6. spiacevole	lusinghiero	
7. intelligente	ebete	
8. aggressivo	mite	

C. *Studiare il significato dei seguenti prefissi e dare una definizione dei verbi sottoelencati.*

inter–dentro   **ri**–di nuovo
pre–prima   **sopra**–, **sovra**–al di sopra
pro–davanti   **sotto**–al di sotto

1. ristabilire   **5.** proporre
2. prevedere   **6.** intercambiare
3. sottoporre   **7.** sovrastare
4. sopraffare   **8.** predire

D. *Elencare dei verbi indicanti attività o fenomeni associati con lo* **specchio.**

ESEMPI riflettere
         pettinarsi

E. *Il protagonista del seguente racconto ha fabbricato uno specchio incredibile che riproduce l'immagine di una persona quale essa viene vista da chi le sta di fronte. Discutere delle conseguenze positive e negative che un tale specchio potrebbe avere per un'amicizia.*

F. *Leggere il seguente racconto prendendo appunti sui rapporti che Timoteo ha con suo padre, sua madre, le sue amiche, e, inoltre, sul concetto della personalità umana descritto dall'autore.*

Nel cristallo una donna-cicogna

*T*imoteo, suo padre, e tutti i suoi ascendenti fino ai tempi più remoti, avevano sempre fabbricato specchi. In una madia° della loro casa si conservavano ancora specchi di rame° verdi per l'ossido,° e specchi d'argento anneriti° da secoli di emanazioni umane; altri di cristallo, incorniciati in avorio o in legni pregiati.° Morto suo padre, Timoteo si sentì sciolto° dal vincolo° della tradizione; continuò a foggiare° specchi fatti a regola d'arte, che del resto vendeva con profitto in tutta la regione, ma riprese a meditare su un suo vecchio disegno.

    Fin da ragazzo, di nascosto dal padre e dal nonno, aveva trasgredito° le regole della corporazione. Di giorno, nelle ore d'officina, da apprendista disciplinato faceva i soliti noiosi specchi piani, trasparenti, incolori, quelli che, come suol dirsi,° rendono l'immagine veridica° (ma virtuale) del mondo, ed in specie quella dei visi umani. A sera, quando nessuno lo sorvegliava,° confezionava° specchi diversi. Che cosa fa uno specchio? «Riflette», come una mente umana; ma gli specchi usuali obbediscono a una legge fisica semplice e inesorabile;° riflettono come una mente rigida, ossessa, che pretende di accogliere° in sè la realtà del mondo: come se ce ne fosse una sola! Gli specchi segreti di Timoteo erano più versatili.

    Ce n'erano di vetro colorato, striato,° lattescente:° riflettevano un mondo più rosso o più verde di quello vero, o variopinto, o con contorni delicatamente sfumati,° in modo che gli oggetti o le persone sembravano agglomerarsi fra loro come nuvole. Ce n'erano di multipli, fatti di lamine° o schegge° ingegnosamente angolate: questi frantumavano° l'immagine, la riducevano ad un mosaico grazioso ma indecifrabile. Un congegno,° che a Timoteo era costato settimane di lavoro, invertiva l'alto col basso e la destra con la sinistra; chi vi guardava dentro la prima volta provava una vertigine intensa, ma se insisteva per qualche ora finiva con l'abituarsi al mondo capovolto,° e poi provava nausea davanti al mondo improvvisamente raddrizzato.° Un altro specchio era fatto di tre ante,° e chi ci si guardava vedeva il suo viso moltiplicato per tre: Timoteo lo regalò al parroco° perchè, nell'ora di catechismo, facesse intendere ai bambini il mistero della Trinità.

kitchen cupboard	
copper/*oxide*/**oscurati**	
preziosi	
liberato/*bond*	
modellare	
violated	
suol... usa dirsi/**vera**	
vigilava/**costruiva**	
inflessibile	
ricevere	
striped, streaked/*milky*	
shaded	
laminate/**frammenti**	
frammentavano	
device	
upside-down	
right-side-up, straightened/**fatto... three-sided**	
parish priest	

C'erano specchi che ingrandivano, come sciocca-
mente si dice facciano gli occhi dei buoi,° ed altri che   *oxen*
impicciolivano, o facevano apparire le cose infinitamente
lontane; in alcuni ti vedevi allampanato,° in altri pingue°   **magro/grasso**
e basso come un Budda. Per farne dono ad Agata, Timoteo
ricavò° uno specchio da armadio da una lastra di vetro   **estrasse**
leggermente ondulata, ma ottenne un risultato che non
aveva previsto. Se il soggetto si guardava senza muoversi,
l'immagine mostrava solo lievi deformazioni; se invece si
spostava in su e in giù, flettendo° un poco le ginocchia o   *bending*
alzandosi in punta di piedi, pancia e petto rifluivano
impetuosamente verso l'alto o verso il basso. Agata si
vide trasformata ora in una donna-cicogna,° con spalle,   *swan*
seno° e ventre° compressi in un fagotto° librato° su due   *breasts*/**stomaco**/*bundle*/
lunghissime gambe stecchite;° e subito dopo, in un mostro   **sospeso**
dal collo filiforme° a cui era appeso tutto il resto, un   **molto magre**
ammasso di ernie spiaccicato° e tozzo° come creta da   *threadlike*
vasaio° che ceda sotto il proprio peso. La storia finì male. **schiacciato**/*squat*
Agata ruppe lo specchio e il fidanzamento, e Timoteo si   **creta...** *potter's clay*
addolorò ma non tanto.

Aveva in mente un progetto più ambizioso. Provò
in gran segreto vari tipi di vetro e di argentatura,°   *silver-plating*
sottopose i suoi specchi a campi elettrici, li irradiò con
lampade che aveva fatto venire da paesi lontani, finchè
gli parve di essere vicino al suo scopo, che era quello di
ottenere specchi metafisici. Uno Spemet, cioè uno specchio metafisico, non obbedisce alle leggi dell'ottica, ma
riproduce la tua immagine quale essa viene vista da chi
ti sta di fronte: l'idea era vecchia, l'aveva già pensata
Esopo e chissà quanti altri prima e dopo di lui, ma
Timoteo era stato il primo a realizzarla.

Gli Spemet di Timoteo erano grandi quanto un
biglietto da visita,° flessibili e adesivi: infatti erano des- **biglietto...** *business*
tinati a essere applicati sulla fronte. Timoteo collaudò° il   *card*
primo esemplare incollandolo° al muro, e non ci vide   **provò**
nulla di speciale: la sua solita immagine, di trentenne già   *gluing it*
stempiato,° dall'aria arguta,° trasognata° e un po' sciatta:° *losing hair at temples*/
ma già, un muro non ti vede, non alberga immagini di te.   **spiritosa**/*dreamy*/
Preparò una ventina di campioni,° e gli parve giusto offrire **disattenta**
il primo ad Agata, con cui aveva conservato un rapporto   *samples*
tempestuoso, per farsi perdonare la faccenda dello specchio ondulato.

Agata lo ricevette freddamente; ascoltò le spiegazioni con distrazione ostentata, ma quando Timoteo le
propose di applicarsi lo Spemet sulla fronte, non si fece
pregare: aveva capito fin troppo bene, pensò Timoteo.

Infatti, l'immagine di sè che egli vide, come su un piccolo teleschermo, era poco lusinghiera.° Non era stempiato ma calvo, aveva le labbra socchiuse in un sogghigno° melenso° da cui trasparivano i denti guasti° (eh sì, era un pezzo che rimandava le cure proposte dal dentista), la sua espressione non era trasognata ma ebete,° e il suo sguardo era molto strano. Strano perchè? Non tardò a capirlo: in uno specchio normale, gli occhi ti guardano sempre, in quello, invece, guardavano sbiechi° verso la sua sinistra. Si avvicinò e si spostò un poco: gli occhi scattarono° sfuggendo sulla destra. Timoteo lasciò Agata con sentimenti contrastanti: l'esperimento era andato bene, ma se davvero Agata lo vedeva così, la rottura non poteva essere che definitiva.

    Offrì il secondo Spemet a sua madre, che non chiese spiegazioni. Si vide sedicenne, biondo, roseo, etereo ed angelico, coi capelli ben ravviati° e il nodo della cravatta all'altezza giusta: come un ricordino dei morti, pensò fra sè. Nulla a che vedere con le fotografie scolastiche ritrovate pochi anni prima in un cassetto, che mostravano un ragazzetto vispo° ma intercambiabile con la maggior parte dei suoi condiscepoli.°

    Il terzo Spemet spettava° ad Emma, non c'era dubbio. Timoteo era scivolato° da Agata ad Emma senza scosse° brusche. Emma era minuta, pigra, mite° e furba.° Sotto le coperte, aveva insegnato a Timoteo alcune arti a cui lui da solo non avrebbe mai pensato. Era meno intelligente di Agata, ma non ne possedeva le durezze pietrose:° Agata-agata, Timoteo non ci aveva mai fatto caso prima, i nomi sono pure qualcosa. Emma non capiva nulla del lavoro di Timoteo, ma bussava spesso al suo laboratorio, e lo stava a guardare per ore con occhio incantato.° Sulla fronte liscia° di Emma, Timoteo vide un Timoteo meraviglioso. Era a mezzo busto e a torso nudo: aveva il torace° armonioso che lui aveva sempre sofferto di non avere, un viso apollineo[1] dalla chioma° folta° intorno a cui si intravedeva una ghirlanda di lauro,° uno sguardo ad un tempo sereno, gaio e grifagno.° In quel momento, Timoteo si accorse di amare Emma di un amore intenso, dolce e duraturo.

    Distribuì vari Spemet ai suoi amici più cari. Notò che non due immagini coincidevano fra loro: insomma,

---

[1] **apollineo**   di Apollo, dio greco della bellezza, della luce e della poesia; in questo contesto indica «perfetto» quanto a bellezza classica di forma

---

Glosse marginali:

piacevole
sneer
foolish/decayed

imbecille

storti

darted

messi in ordine

vivace
classmates
was due
slid
shocks/meek/shrewd

stony

enchanted/smooth

chest
capelli/abbondante
ghirlanda... *laurel*
  wreath
fierce

un vero Timoteo non esisteva. Notò ancora che lo Spemet possedeva una virtù spiccata:° rinsaldava° le amicizie antiche e serie, scioglieva° rapidamente le amicizie d'abitudine o di convenzione. Tuttavia ogni tentativo di sfruttamento° commerciale fallì: tutti i rappresentanti furono concordi nel riferire che i clienti soddisfatti della propria immagine riflessa dalla fronte di amici o parenti erano troppo pochi. Le vendite sarebbero state comunque scarsissime, anche se il prezzo si fosse dimezzato.° Timoteo brevettò° lo Spemet e si dissanguò° per alcuni anni nello sforzo di mantener vivo il brevetto, tentò invano di venderlo, poi si rassegnò, e continuò a fabbricare specchi piani, del resto di qualità eccellente, fino all'età della pensione.

striking/strengthened
dissolved

exploitation

cut in half
patented/bled himself dry

Primo Levi
tratto da *La Stampa*
1 novembre 1985

Esercizi

Domande

1. Quale attività commerciale svolge la famiglia di Timoteo?
2. Paragonare i modi diversi in cui Timoteo passa le ore d'officina e quelle serali.
3. Spiegare l'analogia tra la mente umana e lo specchio.
4. Secondo te, qual è lo specchio più interessante fra quelli che Timoteo ha foggiato di nascosto? Perchè?
5. Com'è la reazione di Agata quando si guarda nello specchio ondulato regalatole da Timoteo?
6. Descrivi nelle tue parole le qualità di uno Spemet.
7. Quali sono alcune differenze tra le personalità di Agata e di Emma?
8. Usando esempi dal testo, paragonare le impressioni diverse che i personaggi hanno di Timoteo.
9. Secondo te, perchè Timoteo non fabbrica più specchi fantastici dopo il fallimento commerciale dello Spemet?
10. Compreresti tu uno Spemet? Perchè?

Conversazione

1. Indagare il significato dello specchio come immagine nel racconto.
2. Usando esempi dal testo, descrivere e poi commentare il concetto della realtà svolto dall'autore.
3. In base alla tua esperienza, spiega le ragioni per cui le qualità dello Spemet sono problematiche.
4. Indagare i motivi personali che avranno spinto Timoteo a inventare lo Spemet.
5. Scegli un brano del racconto che ti piace particolarmente e spiegare il perchè alla classe.

Esercizi di grammatica e di lessico

A. *Mettere i verbi tra parentesi al passato prossimo o all'imperfetto, secondo il caso.*

1. Agata _____ (ricevere) lo Spemet freddamente; _____ (ascoltare) le spiegazioni con distrazione ostentata, ma quando Timoteo le _____ (proporre) di applicarsi lo Spemet sulla fronte, non _____ (farsi) pregare:

aveva capito fin troppo bene, _____ (pensare) Timoteo. Infatti, l'immagine di sè che egli _____ (vedere), come su un piccolo teleschermo, _____ (essere) poco lusinghiera. Non _____ (essere) stempiato ma calvo, _____ (avere) le labbra socchiuse in un sogghigno melenso da cui _____ (trasparire) i denti guasti.

2. Timoteo _____ (offrire) il secondo Spemet a sua madre, che non _____ (chiedere) spiegazioni. _____ (vedersi) sedicenne, biondo, roseo, etereo ed angelico.

3. Timoteo _____ (distribuire) vari Spemet ai suoi amici più cari. _____ (notare) che non due immagini _____ (coincidere) fra loro: insomma, un vero Timoteo non _____ (esistere). _____ (osservare) ancora che lo Spemet _____ (possedere) una virtù spiccata: _____ (rinsaldare) le amicizie antiche e serie, _____ (sciogliere) le amicizie d'abitudine o di convenzione. Tuttavia ogni tentativo di sfruttamento commerciale _____ (fallire).

B. *Descrivere ciò che Agata avrebbe visto applicando lo Spemet sulla fronte di Timoteo. Usare il condizionale passato.*

C. *Elencare almeno cinque verbi diversi che finiscono in* **-mettere, -porre** *e* **-tenere.**

ESEMPIO	**-mettere**	**-porre**	**-tenere**
	ammettere	*disporre*	*appartenere*

D. *Fornire l'aggettivo che corrisponde ai seguenti nomi.*

ESEMPIO colore
    (*colorato*)

1. tempesta
2. contrasto
3. piacere
4. noia

5. commercio
6. furbizia
7. sfumatura
8. pregio

E. *Sottolineare i vocaboli generalmente associati con le attività o le qualità inventrici.*

disegno   immaginare   parroco
obbedire   campione   fabbricare
sfruttare   brevettare   sottoporre

Temi per componimento

1. Comporre un altro titolo per il racconto e spiegare perchè sarebbe adatto al contenuto.
2. Scrivere un'altra scena in cui Timoteo applica lo Spemet sulla fronte di suo padre.
3. Descrivi l'immagine che un(a) tuo(a) amico(a) vedrebbe se applicasse uno Spemet sulla tua fronte.

Goffredo Bellonci

LA «TERZA PAGINA»
(LA SUA NASCITA E LE
SUE VICENDE)

Goffredo Bellonci
[1882–1964]

*G*offredo Bellonci's professional and private accomplishments correspond with the ideals that have shaped the **terza pagina** throughout its evolution. In an endeavor to diffuse the ideas of authors and intellectuals among the general public, he contributed thoughtfully engaging articles, essays, and book reviews to such newspapers as the *Resto del Carlino, Il Messaggero,* and the *Giornale d'Italia.* Whether his topic of investigation is Dante's use of **voi** and **tu** in the *Divina Commedia*, written in the early 1300's, or the manifestations of Italian neorealism in postwar literature and film, Bellonci reveals to the reader the variety and complex nature of Italian culture.

Goffredo Bellonci and his wife Maria, an accomplished writer of historical novels, actively promoted contemporary Italian writers through the literary circle *Amici della Domenica,* which they established in Rome. The group met for literary purposes, and in 1944 founded the prestigious *Premio Strega,* a literary prize that is awarded annually.

In the following article, Bellonci profiles the evolution of the third page, and celebrates the various writers who contributed to the institution. He refers to several figures that non-Italian readers may not recognize. However, a brief description generally follows the writer's name, indicating his or her contribution to the **terza pagina** and to Italian culture. Notes for some references have been provided according to their importance in Bellonci's article. Similarly, the reader's attention should focus on the people and events upon which the author elaborates.

Preparazione alla lettura

A. *In gruppi di tre o quattro persone discutere le seguenti affermazioni e poi, se necessario, modificarle affinchè esprimano le opinioni del gruppo. Leggere le frasi modificate alla classe.*

ESEMPIO Il giornale è un mezzo efficace per diffondere le notizie culturali.
In realtà, il giornale non è un mezzo efficace per diffondere le notizie culturali perchè poche persone leggono le rubriche letterarie e artistiche.

1. In generale, gli americani non hanno una buona istruzione culturale; non conoscono nè le figure nè i concetti importanti delle arti visive, della letteratura, della storia, della filosofia, eccetera.
2. La maggior parte degli americani guarda il telegiornale invece di leggere il giornale.
3. Se gli intellettuali, gli autori, i professori, e gli artisti collaborassero ai giornali, la qualità dei quotidiani sarebbe migliore, però gli articoli sarebbero incomprensibili.
4. I quotidiani hanno la responsabilità di mettere il pubblico al corrente delle novità culturali.

B. *Accoppiare i sostantivi nella prima colonna con le definizioni appropriate nella seconda.*

1. critico
2. romanziere
3. storico
4. economista
5. commediografo
6. filosofo
7. musicista
8. novelliere
9. letterato
10. dantista

a. scrittore o scrittrice di novelle
b. chi commenta e analizza opere d'arte
c. chi studia la filosofia
d. chi compone musica
e. chi compone romanzi
f. autore di opere sulla storia
g. chi ha una vasta cultura letteraria
h. chi scrive commedie
i. studioso di Dante e le sue opere
j. studioso dei rapporti tra la produzione, distribuzione, e consumo dei beni economici

C. *Leggere le seguenti frasi e scrivere per ciascun collaboratore una frase che indica la sua professione. Seguire l'esempio.*

> **ESEMPIO** Pasquale Villari, storico di fama europea dopo la pubblicazione dei suoi libri sul Macchiavelli, collaborò al giornale con alcuni altri famosi professori d'università.
>
> *Pasquale Villari era un famoso professore di storia.*

1. Dobbiamo libri fondamentali all'Isidoro del Lungo, dantista illustre, che aveva una superiore conoscenza della vita di Dante e della *Divina Commedia.*
2. Federico Tozzi, venuto da Siena a Roma, pubblicò alcune sue novelle.
3. Vittorio Pica, uomo che si conquistò fama e autorità di critico d'arte, scrisse un articolo su Benedetto Croce.
4. Gli articoli di Nicola d'Atri, critico musicale di vasta cultura, ebbero un memorabile risultato.
5. Marino Moretti diede novelle e il suo primo romanzo al *Giornale d'Italia.*

D. *Leggere il seguente articolo prendendo appunti su questi argomenti: le ragioni per cui Alberto Bergamini ha fondato la terza pagina; la varietà delle selezioni pubblicate in terza pagina; il ruolo della terza pagina nella società italiana.*

La «terza pagina»
(la sua nascita e le sue vicende)

𝒜 fondare° il *Giornale d'Italia* Alberto Bergamini **istituire**
veniva da Milano; ma era nato in un paese dell'Emilia ed
aveva studiato a Bologna, città famosa per il suo studio,° **università**
non però scolastica e accademica nel pessimo significato
di queste parole. Egli, sini dai° primi numeri, volle che il **fino dai**
giornale fosse anche cattedra° di cultura umanistica, dalla (fig.) *podium* (lit.) *chair*
quale parlassero i letterati, gli storici, i filosofi più illustri *of a professor*
d'Italia.

Incominciò Pasquale Villari, e il suo articolo fu
pubblicato, com'era allora costume, nell'ultima colonna
della prima pagina; ma a lui seguitarono° altri famosi **seguirono**
professori d'università ai quali il Bergamini volle riservare
uno stesso posto nel suo giornale dove i lettori potessero
ogni giorno ritrovarli. Dalla prima pagina l'articolo letterario passò dunque° alla seconda, e finalmente, nello **perciò**
stesso anno 1901, alla terza pagina, nelle prime colonne:
«in apertura» come si dice nel linguaggio dei tipografi.° *typesetters*
Allora, il Bergamini pensò di raccogliere° in quella terza **mettere insieme**
pagina, le notizie, le corrispondenze, le polemiche e le
note che in qualche modo riguardassero alla cultura, le
quali diventarono sempre più numerose e frequenti,
poichè° c'era, come usa° dire, un mondo della cultura **dato che**/*is the*
fino ad allora sconosciuto dal pubblico, e assai vario dalle *custom*
scuole di ogni ordine e dalle accademie, ai teatri, agli
studi degli artisti, ai gruppi e ai cenacoli° letterari. **circoli ristretti di**
amici e artisti

*   *   *

Il Bergamini pensava che nel giornale l'uomo politico
dovesse trovare le più ampie notizie della vita parlamen-
tare, persino° i pettegolezzi° di Montecitorio[1]; ma il lettore *even/gossip*
della cronaca tutti i fatti e i fattacci nei loro particolari
più recenti ed inediti, che il cronista° avrebbe scoperto **giornalista**
con intelligenza di poliziotto dilettante; e quanti amassero
la cultura, dai professori di università ai maestri delle

---

[1] **Montecitorio**   sede del parlamento italiano

elementari, dai letterati, dai commediografi, dagli artisti, dai musicisti a tutti coloro che andavano al teatro o leggevano libri, potessero trovare articoli seri e persino dotti° dei più illustri scrittori e docenti° italiani. La cronaca **eruditi/insegnanti** poteva essere, come si dice, «nera»[2] ma la cultura nella terza pagina doveva essere alta cultura: solo in tal modo il giornale avrebbe potuto diventare indispensabile ai lettori colti° di ogni città o paese d'Italia, che sommati,° **di cultura/in totale** risultavano essere non migliaia ma diecine di migliaia.

Il Bergamini mostrò subito i suoi propositi° negli **intenzioni** stessi due mesi del primo anno: aprì un giorno la terza pagina con un articolo di Alessandro d'Ancona, la occupò un altro giorno interamente con le notizie e la critica della *Francesca da Rimini* di Gabriele d'Annunzio[3], allora rappresentata° per la prima volta. Il grande avve- **portata in scena** nimento° letterario doveva avere, a parer suo,° tanto **evento/a... secondo lui** spazio quanto ogni altro avvenimento o fatto di importanza nazionale: qualche anno dopo, portò addirittura in prima pagina le notizie, il riassunto e la critica della *Nave* il giorno dopo la rappresentazione. Ma ben altro avrebbero visto i lettori, nientemeno che una «Rivista delle riviste» in quattro o cinque colonne pubblicata periodicamente per alcuni anni: fatica meritoria di Ernesto Monnosi che poteva leggere tutte le riviste italiane e straniere alla Camera dei Deputati dove era revisore degli Atti.° E fu **revisore... chi revi-** rubrica° molto ricercata e lodata.° E poi, le inchieste° e **siona leggi** le polemiche promosse o sollecitate dallo stesso Berga- *column*/**applaudita/** mini, appena un lettore gli avesse manifestato un dubbio, **investigazioni** o fatto una domanda: si voleva sapere, per esempio, quale fosse il più bel punto d'Italia, o se il pane fresco «scroc- chiolasse»° o «sgrigliolasse»,° o in qual modo potessero *crunches/crunches* essere calcolati i danni di un terremoto come quello di *(Tuscan verb)* Messina: domanda assai difficile, alla quale risposero solamente il Pareto, il Pantaleoni.

I primi collaboratori di gran nome° furono Pasquale **di... famosi** Villari, storico di fama europea dopo la pubblicazione dei suoi libri sul Machiavelli e sul Savonarola, amico del Sonnino e del Salandra[4], e profondo conoscitore della

---

[2] **cronaca... «nera»**   informazioni scritte su delitti e calamità

[3] **D'Annunzio**   (1863–1938) poeta, romanziere, drammaturgo, e giornalista, è tra le più importanti figure nella vita sociale e culturale del
Novecento. *Francesca da Rimini* (1902) e *La Nave* (1908) sono tra
le sue tragedie più note.

[4] **Sonnino e Salandra**   uomini politici: Salandra fu Presidente del
Consiglio dei Ministri (i.e. *Prime Minister*) nel 1914–1916; Sonnino
fu Presidente del Consiglio nel 1906 e nel 1910.

cosiddetta questione meridionale; Isidoro del Lungo, dan-
tista° sommo° e insigne° letterato, al quale dobbiamo libri   **studioso di Dante/**
fondamentali per la conoscenza della vita di Dante e della   **superiore/illustre**
Divina Commedia; Alessandro d'Ancona, maestro del
metodo storico ad alcune generazioni di studenti di
lettere; Felice Tocco, autore di saggi e di libri sulle eresie
medievali, su San Francesco e sui francescani; Francesco
d'Ovidio, filologo e critico, del quale ancor oggi si leggono
e si studiano i libri sulla metrica italiana, su Dante sul
Tasso e sul Manzoni. E pubblicavano articoli sempre
chiari e interessanti sebbene° scritti con altezza d'idee e   **anche se**
con profonda dottrina, spesso prendendo l'avvio° da un   **prendendo... comin-**
fatto, magari, della cronaca politica o cittadina. S'apriva   **ciando**
ad esempio una strada sotto il Quirinale che i Romani
chiamavano *tunnel*, e Francesco d'Ovidio insorgeva°   **si ribellava**
contro la barbara° parola e proponeva il vocabolo italiano   **straniera**
che per merito suo diventò d'uso, *traforo*. Si concludeva
la pace tra la Russia e il Giappone; e lo stesso d'Ovidio
parlava con spirito quasi profetico del pericolo giallo e
della futura ostilità dei popoli orientali contro l'Europa.
Moriva un personaggio del nostro Risorgimento quale il
Nigra; e Raffaele de Cesare e Alessandro d'Ancona che
l'avevano conosciuto rievocavano il giorno stesso la sua
vita.

*   *   *

Se scorrete° le annate del *Giornale,* vedrete che   *look through*
questi illustri collaboratori scrivevano e polemizzavano
sul miglior modo di difendere il nostro patrimonio artis-
tico, sulla tutela° giuridica delle opere d'arte, sui disegnati°   **protezione/progettati**
(o attuati)° guasti° alle nostre antiche città: da Corrado   **realizzati/danni**
Ricci ad Alessandro Chiappelli, da Domenico Gnoli a
Pompeo Molmenti. Ogni avvenimento letterario e ogni
nuova dottrina scientifica o filosofica diventò per il Bergamini un fatto di cronaca—e sia pure di cronaca spi-
rituale—da illustrare nei suoi aspetti meno conosciuti o
sconosciuti affatto. Mise sè e gli studiosi e il pubblico
sulla traccia° del misterioso giovane poeta Giulio Orsini   *trail*
che aveva pubblicato un volume di liriche° *Fra terra e*   **poesie**
astri accolto° da critici, quali il Chiarini, come una   **ricevuto**
rivelazione, sinchè° non ebbe scoperto che quel nome era   **finchè**
in realtà lo pseudonimo di Domenico Gnoli.
    Il *Giornale d'Italia* parlò dunque subito ai suoi
lettori della *Estetica* di Benedetto Croce[5]: precisamente

---

[5] **Croce** (1866–1952) filosofo, storico, critico, e uomo politico, assunse
una posizione centrale nella cultura italiana per i suoi studi sull'estetica

nel settembre del 1902 con un articolo di Vittorio Pica, uomo che poi si conquistò fama e autorità di critico d'arte, ma che s'era prima fatto conoscere come autore di intelligentissimi saggi sulla letteratura contemporanea e di avanguardia, italiana e straniera. E incoraggiò a discutere le nuove idee crociane filosofi, letterati, artisti e quanti lettori presumessero di poter argomentare contro il Croce: polemica «sul metodo estetico» che mostrò codesti polemisti incapaci di confutare° quella estetica.   *refute*
Ma negli anni dal 1907 al 1912, il *Giornale d'Italia* illustrò e discusse due dottrine che ebbero grande importanza nella vita contemporanea: il sindacalismo[6] più special-mente teorizzato dal Sorel, e il modernismo nel quale si manifestò anche il desiderio di ritrovare in sè il sentimento cristiano dei primi seguaci° di Gesù.   **chi segue**

Ma la terza pagina del nostro giornale provocò e sollecitò anche imprese° di grande utilità per la cultura   **attività importanti**
italiana. Quando io, a proposito di una pubblicazione delle più licenziose novelle di Matteo Bandello[7] vendute in busta chiusa come pornografiche, invocai più rispettose e degne° ristampe dei nostri classici quasi dimenticati,   **meritevoli**
insieme con il plauso° di Ferdinando Martini ebbi gli   **approvazione**
attacchi della *Voce*[8] fiorentina che non volendo a nessun costo esser d'accordo con me, discuteva la forma della ristampa da me proposta. La polemica, assurda, diventò aspra,° ma fu terminata da Benedetto Croce con l'annuncio   **ostile**
di aver disegnata e ordinata col Laterza, quasi per placarci, la collezione degli «Scrittori d'Italia».

Un altro memorabile risultato ebbero gli articoli che Nicola d'Atri, critico musicale di vasta cultura e di fine°   *refined*
gusto, scrisse per dimostrare la necessità, a Roma, di un grande auditorio e di una grande orchestra, non bastando ormai al pubblico romano i rari concerti in sale non sempre adatte° oltre quelli che il Vessella dava in piazza   **adeguate**
con la sua banda o in teatro con orchestre volonterose°   **di buona volontà**
ma non buone. La proposta del d'Atri di mutare° in   **cambiare**
auditorio l'anfiteatro Corea, innalzato° sul Mausoleo d'Au-   **costruito**
gusto, rimettendo in luce nella parte inferiore le antiche mura del monumento, fu, come tutti sanno, attuata, con

---

[6] **Sindacalismo**   movimento politico-sindacale dei lavoratori all'inizio del '900, che usava lo sciopero generale come strumento di azione rivoluzionaria

[7] **Bandello**   (1485–1561) novelliere

[8] *La Voce*   rivista politica e letteraria fiorentina (1908–16) diretta da Giuseppe Prezzolini e poi da Giuseppe De Robertis

quella Fondazione dei concerti che ancora è viva e
fiorente. E non basta: l'onorevole Sonnino, dantista non
dilettante, ma davvero dotto, del quale il *Giornale d'Italia*
pubblicò, appunto in terza pagina, un bel discorso sul
sesto canto del *Paradiso*[9], offrì la sua ricchissima biblio-
teca dantesca ad una «Casa di Dante» che si potesse
istituire in Roma e alla quale credeva degna sede il
palazzetto degli Anguillara. La sua proposta, illustrata e
sostenuta° dal giornale, fu poi attuata.   **aiutata**

    Intanto° la terza pagina diventava sempre più or-   **Contemporaneamente**
ganica: alla rivista delle riviste si aggiunse° un'altra rubrica, **si...** *was added*
«I libri della settimana», disegnata da Giulio de Frenzi e
da me, scritta da noi due in collaborazione, firmata «il
Tagliacarte»°, nella quale erano recensiti libri, non solo   *paper knife*
di letteratura, ma di storia, di filosofia, persino di economia
politica, italiani e stranieri: recensioni meditate ma suc-
cose° e rapide, a volte epigrammatiche° (al titolo di un   *pithy*/**concise e pun-**
romanzo «Nel dubbio», facemmo seguire una sola parola,   **genti**
«astienti»°). Il critico letterario Domenico Oliva, al quale   *abstaining*
dovevo poi succedere io, scriveva, meglio che articoli,
saggi su due o tre libri ogni mese, quelli più rispondenti
al suo gusto, tutti su romanzieri o poeti o commediografi.
Gli altri libri lasciava giudicare a noi giovani. Dopo pochi
mesi la rubrica rimase a me solo e fu nel giornalismo
italiano la prima di questa specie.°   **tipo**

*   *   *

    La terza pagina del *Giornale d'Italia* sotto la
direzione del Bergamini rispecchiò° e promosse° la cultura   **rifletté**/*promoted*
italiana; nè si può dire che, dopo, mutasse, sino ad oggi.
C'è dunque una tradizione di cultura, in questo giornale,
che ho descritto risalendo° alle sue origini: cultura, non   **tornando**
solo dell'intelligenza, ma dello spirito, suscitatrice° di   **ispiratrice**
civile e sociale virtù. Continuare questa opera è un dovere.

Goffredo Bellonci
tratto da *Il Giornale d'Italia*
17 novembre 1951

---

[9] *Il Paradiso*   la terza cantica o sezione della *Divina Commedia* di
Dante Alighieri (1265–1321)

Esercizi

Domande

1. In che anno è stata realizzata la terza pagina?
2. Secondo il fondatore del *Giornale d'Italia,* chi doveva collaborare al quotidiano? Perchè?
3. Perchè Bergamini ha deciso di raccogliere le notizie di interesse culturale nella terza pagina invece di pubblicarle nei diversi settori del giornale?
4. Che tipo di lettori teneva in mente Bergamini mentre svolgeva il programma di terza pagina?
5. Secondo te, qual è l'esempio più interessante usato da Goffredo Bellonci per illustrare che la terza pagina ha presentato ai lettori nuove idee e dottrine importanti nella vita contemporanea?
6. Perchè Bellonci nomina nel suo articolo parecchi collaboratori illustri, tra i quali storici, critici, poeti, romanzieri, economisti, uomini politici e novellieri?
7. Secondo Bellonci, perchè è un dovere continuare la tradizione della terza pagina?

Conversazione

1. Identifica e descrivi alcuni motivi per cui Bergamini ha fondato e svolto il programma di terza pagina, esprimendo anche le tue opinioni dei possibili vantaggi giornalistici.
2. Descrivere il rapporto tra il giornalismo e la cultura rispecchiato dalla terza pagina.
3. Identificare le differenze, se esistono, tra la preparazione dei collaboratori che hanno scritto per la terza pagina e quella dei giornalisti americani.
4. A tuo parere, una terza pagina nei quotidiani americani potrebbe avere successo e un influsso positivo sulla vita contemporanea negli Stati Uniti? Perchè?

Esercizi di grammatica e di lessico

A. *Scrivere una frase per ciascun verbo sottoelencato, descrivendo la terza pagina. Mettere i verbi al passato remoto o all'imperfetto, secondo il caso.*

1. fondare
2. promuovere
3. collaborare (a)

4. pubblicare
5. leggere

B. *Accoppiare i sinonimi qui sotto elencati.*

A	**B**
1. finchè	**a.** dato che
2. dunque	**b.** anche se
3. poichè	**c.** sinchè
4. sebbene	**d.** però
5. ma	**e.** perciò

C. *Volgere una frase per ogni congiunzione elencata nella prima colonna dell'Esercizio* **B** *mettendo i verbi al presente indicativo o congiuntivo secondo il caso.*

D. *Inserire le parole indicate dalle definizioni orizzontali e verticali.*

Orizzontali

1. Grazia Deledda e Ada Negri erano _____ al *Corriere della Sera*
2. Articolo o racconto che un giornale pubblica in apertura di terza pagina
3. Chi scrive per i giornali
4. Chi è responsabile di ciò che è pubblicato in un giornale
5. Informazione su eventi internazionali, fornita dai giornali
6. Scritto in un giornale che tratta un determinato argomento

Verticali

1. Un giornale _____ esce tutti i giorni della settimana
2. La pagina culturale di un giornale
3. Terza _____
4. Sezione di un giornale dedicata a un determinato argomento
5. Chi legge il giornale

Temi per componimento

1. Scegliere un articolo, una lettera all'editore, o una recensione da un quotidiano americano, o un breve racconto (non più di cinque pagine) che potrebbe apparire in terza pagina. Dare un breve riassunto della selezione e spiegare perchè potrebbe essere pubblicata in terza pagina.
2. Guardare la terza pagina di un quotidiano italiano e scegliere una selezione pubblicataci. Dare un breve riassunto e spiegare le ragioni per cui la selezione è apparsa in terza pagina.
3. Secondo i tuoi interessi, scegli una figura dal seguente elenco. Consulta un'enciclopedia italiana e scrivi una breve biografia mettendo i verbi al passato remoto o l'imperfetto, secondo il caso. Concludi la biografia con le tue osservazioni sull'importanza della figura nella storia sociale e culturale d'Italia.

Dante Alighieri   Benedetto Croce
Alberto Bergamini   Gabriele D'Annunzio
Luigi Capuana

4. Scrivi una lettera all'editore del giornale locale in cui suggerisci che pubblichino una pagina culturale.

Conclusione

In gruppi di quattro o cinque persone produrre una terza pagina da distribuire alla classe. Includere delle rubriche e degli scritti diversi; per esempio, una recensione di un film o un libro, un'intervista, le ultime notizie su una figura importante della politica, del cinema, o della musica, una scoperta scientifica che riguarda la cultura, una lettera all'editore, eccetera. Scrivere i sopratitoli per le selezioni incluse.

Appendix

Passato Remoto—Irregular Verbs

The following list includes verbs with irregular forms in the **passato remoto,** occurring in the first- and third-person singular and in the third-person plural. Compound verb forms, such as **sostenere** or **contraddire,** are not included when the basic verb has already been presented. The irregular form appears only in the first-person singular.

Infinitive	Passato Remoto	Infinitive	Passato Remoto
accogliere	accolsi	parere	parvi
accorgersi	mi accorsi	pendere	pendetti
accorrere	accorsi	perdere	persi
aggiungere	aggiunsi	porre	posi
apparire	apparvi	prendere	presi
aprire	apersi	pungere	punsi
assumere	assunsi	raccogliere	raccolsi
avere	ebbi	ricevere	ricevetti
cadere	caddi	ridere	risi
chiedere	chiesi	rimanere	rimasi
comparire	comparvi	rispondere	risposi
conoscere	conobbi	sapere	seppi
decidere	decisi	scegliere	scelsi
dare	detti	scendere	scesi
dare	diedi	scorgere	scorsi
dire	dissi	scrivere	scrissi
dirigere	diressi	sedere	sedetti
discutere	discussi	sorridere	sorrisi
disporre	disposi	spegnere	spensi
distruggere	distrussi	sporgere	sporsi
dovere	dovetti	stare	stetti
emergere	emersi	stringere	strinsi
essere	fui	tenere	tenni
fare	feci	trarre	trassi
giungere	giunsi	venire	venni
insorgere	insorsi	vedere	vidi
leggere	lessi	volere	volli
mettere	misi	volgere	volsi
muovere	mossi		

Vocabulary

Abbreviations

adj.	adjective	*m.*	masculine
adv.	adverb	*pl.*	plural
arc.	archaic	*poet.*	poetical
colloq.	colloquial	*p.p.*	past participle
conj.	conjunction	*pref.*	prefix
f.	feminine	*prep.*	preposition
fig.	figurative	*pron.*	pronoun
journ.	journalistic	*s.*	singular
lit.	literal	*v.*	verb

A

abbacinato dazzled
abbattersi to lose heart
abbattuto knocked down
abbracciato embraced
abburattare to sift
abitato *m.s.* town
abitudine *f.s.* habit
abolire to abolish
accadere to happen
accampare to bring forward; to demonstrate
accanto next to; close to
accapigliarsi to come to blows; to quarrel
accarezzare to caress
accennare to point at; to mention
acchiappare to catch; to seize
acciacco infirmity
acciecato blinded
accigliato sullen; frowning
acciottolato cobblestoned
accogliere to receive; to accept
accolto received
accoppiamento coupling
accorgersi to notice; to perceive
accorrere to run to help; to rush
accorto (*p.p.* of **accorgere**) noticed
accostarsi to come near (s.o., sthg.)

accrescere to increase; to bring up
accudire to attend to; to be responsible for
acero maple tree
acidulo acid; sour
acre pungent
ad opera di because of
adagiare to lay down gently
adagiarsi to lie down
adagio slowly
adatto suitable (for)
addetto *adj.* responsible (for)
addirittura directly; simply; quite; frankly
addolorarsi to regret; to be sorry
adito access
adoperarsi to endeavor; to do one's utmost
affaccendarsi to busy oneself
affacciarsi to appear (at sthg.)
affannarsi to worry; to busy oneself
affannato agitated
affare *m.s.* affair; business
affascinare to fascinate
afferrare to seize; to grasp; to understand
affetto *m.s.* affection; love; *adj.* afflicted
affibbiato buckled; clasped

193

affidato entrusted
affievolirsi to grow faint
affinchè so that
affiorare to appear; to surface
affondare to sink; to deepen
affranto exhausted; desperate; overcome
affrettare, affrettarsi to hurry
agevolezza ease
aggiornare to bring up-to-date
aggiungere to add
aggiustare to repair; to adjust
agglomerarsi to crowd together
agglomerato *m.s.* built-up area
aggravarsi to get worse
aggredire to attack
aggrottare le ciglia to frown
aggrovigliato tangled
agguantare to catch; to seize
ago needle
agognare to long (for sthg.)
agrario agricultural; agrarian
agricoltore *m.s.* farmer
aguzzo sharp; pointed
al disopra di at the top of; above
al sommo di at the peak of
ala wing; brim
alba dawn
albergare to house
alimentare *m.s.* grocery store
alitare to breathe
allagare to flood
allampanato emaciated; skinny
allargarsi to spread out; to widen
allattare to breastfeed
alleato *m.s.* ally
allenare to train; to prepare
allentato flabby, loosened
allettare to allure
allevare to raise (children)
alloggio lodging
allontanarsi to go away
allorchè when
alloro laurel
allucinato disturbed; confused
alludere to allude (to)
allungare to extend; to stretch out
alquanto somewhat
altrettanto as much; as many; the same

altrimenti *adv.* differently; *conj.* or else; otherwise
amante *m.* or *f.s.* lover
amareggiare to embitter
ambrato amber-colored
ammasso mass; heap
ammazzare to kill
ammesso (*p.p.* of **ammettere**) admitted
ammonire to warn; to admonish
amplesso embrace
analfabeto illiterate
anche *f.pl.* hips
andamento course
andare a fagiolo to go well; to please
andare di traverso to go down the wrong way
andatura gait; pace
androne *m.s.* entrance hall
angusto narrow
anima soul
animo heart; mind
animoso brave; spiteful
annata year
annegato *m.s.* drowned person
annerito blackened; darkened
annodare to knot
annoiarsi to become bored
annuire to nod in agreement
ansante breathless
ansimante panting; gasping
anzi in fact; indeed; on the contrary
anziano elderly
anzitutto above all
ape *f.s.* bee
apicoltore *m.s.* bee keeper
apollineo handsome; Apollonian
apparecchio apparatus; telephone receiver
apparire to appear
appariscente conspicuous
appartenere (a) to belong (to)
appena just; barely; as soon as
appeso (*p.p.* of **appendere**) suspended
appoggiare to lean; to support (s.o.); **appoggiarsi** to lean on; to rely on
apposta on purpose; specifically

apprendere to learn
approfondire to deepen; to examine thoroughly
appuntito pointed
appunto *m.s.* note; *adv.* exactly
arcata arch
arci- *pref.* arch-
ardente burning; ardent
argentatura silver-plating
arguto quick-witted
arido arid
armadio wardrobe; armoir
armeggio agitation
arnese tool; gadget
arnia hive
arrampicare to climb
arrancare to hobble
arrendersi to surrender; to give in
arrischiare to risk
arrotolato rolled up
arrovellarsi to get angry
arroventato red-hot
arrovesciare to overturn; to reverse
arrugginire to rust
arzillo spry; agile
ascella armpit
ascendente *m.s.* ascendant
ascensore *m.s.* elevator
asciugare to dry
asciutto dry; skinny
asilo infantile preschool
asperso sprinkled
aspettarsi to expect
asprigno sour
aspro sour; rough; hostile
assai quite
assaporare to relish
asservito enslaved
assiepato crowded
assistere (a) to assist; to witness
assomigliare (a) to resemble
assopirsi to grow sleepy
assuefarsi (a) to become accustomed to
asta auction
astanti *m.pl.* those present
astiente abstaining
astro star
atteggiamento attitude

attendere to wait
attenuare to weaken; to diminish
attesa waiting; expectation
attillato tight
attinente belonging; pertaining
attirare to attract
attorniato surrounded
attraente attractive
attraversare to cross
attrito friction; disagreement
attuare to carry out; to realize
attuato carried out; fulfilled
attutirsi to control oneself
aumentare to increase
aureola halo
aurora dawn
auspice auspice; sign
autonomia autonomy; independence
autoritario authoritarian; authoritative
avanguardia avant-garde
avarizia stinginess
avercela con qualcuno to have it in for someone; **avere a disposizione** to have at one's disposal; **... compassione di** to take pity on; **... da fare** to have things to do
avorio ivory
avvedersi to perceive (sthg.)
avvelenato poisoned
avvenimento event
avvenire *m.s.* future
avvenire to happen
avversare to oppose
avvertire to feel; to warn; to remind
avvezzo accustomed
avviarsi to set out
avvicinarsi to approach
avvilire to discourage; **avvilirsi** to lose heart; to become bitter

B

bacca berry
baccano uproar
bacio kiss
badare to be careful; to look after

baffi *m.pl.* mustache
baggianata nonsense; foolishness
bagliore *m.s.* flare; flash
bagnato wet
baldacchino altar canopy
baldanza boldness
baldo bold
balenare to flash
baloccarsi to idle away one's time
balocco toy
bambola doll
banco counter; **... della stampa** press box
banda gang; band; side
bandiera flag
baracca hut
barba beard
barbaglio glare
barbaro barbarous; foreign
barcollare to stagger
basso *m.s.* hovel
bastimento ship
battaglia battle
battagliare to battle; to fight
battersi to fight
battesimo baptism
battezzato baptized
batticuore *m.s.* fear
battuta witticism; blow
beffa mockery
beffardo mocking; ironic
belletto rouge
belva wild animal
ben s'intende of course
benessere *m.s.* well-being; affluence
bensì but
bestemmia oath; curse
bettola dive
bettolino dive
biancheria undergarments; bed-linen
biga chariot
biglietto da visita business card
bilancia scale
boato rumbling
boccheggiare to gasp
bocciatura failure (of an exam or course)
boccone *m.s.* mouthful
bolscevico bolshevik

bombardato bombarded
bonario good-natured
bontà goodness
borbottare to grumble
bordato hemmed; rimmed
borghese middle-class; **vestito ...** civilian clothes
borgo village
borsa di studio scholarship
borsanera black market
bosco woods; forest
bottegaio shopkeeper
bottiglieria liquor store
bravura skill; bravery
brevettare to patent
brezza breeze
brigantaggio brigandage
brillare to sparkle
brivido shiver
brontolare to grumble
bruciare to burn
brulicante swarming
bucare to pierce
bucato laundry
bue *m.s.* (*pl.* **buoi**) ox
bufera storm
buffo comical
buio dark
burletta farce
buscare to get; to catch; **buscarle, buscarne** to get a beating
bussare to knock
busto corset
buttarsi to throw oneself

C

cacciare to hunt; to utter; to throw out
cacciatorpediniere *m.s.* torpedo-boat destroyer
cadaverico cadaverous
calamita magnet
calata descent; invasion
calca crowd
calcato pressed down
calce *f.s.* lime
calcolo calculation
caliginoso hazy
calore *m.s.* warmth

calvizie *f.s.* baldness
calvo bald
calza sock; stocking
camoscio chamois; suede
campana bell
campare to live
campeggiante standing out
campestre rural
campione *m.s.* sample
campo field
campo di concentramento
  concentration camp
canaglia scoundrel
canna reed; barrel
canottiera undershirt
cantiere *m.s.* shipyard
canzonatura mocking joke
capitare to arrive; to happen
capo head; top; leader
capocchia head
capofitto head first
capovolto (*p.p.* of **capovolgere**)
  turned upside-down
capra goat; **capro espiatorio**
  scapegoat
capriccio whim
caprino goatish
carattere character; personality
caratteri di scatola block letters
carcere *m.s.* prison
carezzare to caress
carica charge (of explosives)
caricarsi to load oneself
caricato *adj.* loaded with
carico filled
carnoso fleshy
carovita *m.s.* the high cost of living
carretto handcart
carrozza carriage
carta igienica toilet paper
casalinga *f.s.* housewife
casalingo *adj.* domestic; household
casamatta bunker
cascare to fall down
cascate *f.pl.* waterfalls
cassa case; cash register
cattedra podium; chair of a
  professor
cautela caution
cavaliere di ventura *m.s.* knight

caviglia ankle
cazzotto punch
cedere to yield
celato hidden; concealed
celere rapid
cenacolo tight circle of friends,
  artists, intellectuals
cencio rag
cenere *f.s.* ash
cenno gesture
censura censorship
cercare di to try (to)
cervello brain
cespo tuft
cessare to cease
chiacchiera gossip; chatter
chiacchierare to chatter; to chat
chiassoso rowdy; turbulent
chiazzato spotted
chinare to bend; to bow
chino bent
chioma head of hair
chirurgo surgeon
ciabatte *f.pl.* slippers
cicogna swan
cieco blind
cifra number
ciglia *f.pl.* eyelashes
cimelio antique
cinematografo movie theater
cipiglio frown
circondare to surround
clava bludgeon
codazzo crowd
codesto *adj.* that
codice *m.s.* code
cognizione *f.s.* knowledge
colare to trickle
collaboratore collaborator; *journ.*
  contributor
collaudare to test
colle *m.s.* hill
collega *m.* or *f.s.* colleague
collera anger
collo neck; collar
colpa guilt; fault
colpevole guilty
colpire to hit; to strike
colpo blow; shot
coltello knife

colto cultivated; cultured

coltre *f.s.* blanket

coltura cultivation; breeding

comando headquarters

comare *f.s.* godmother

combattere to fight; to combat

combinare to combine; **... un guaio** to make trouble

combinazione *f.s.* chance

combriccola gang

commediografo playwright

commettere to commit; to order

commosso moved; touched

commovente moving; touching

commuovere to move; to touch

comò chest of drawers

comodo *m.s.* comfort; *adj.* comfortable

companatico sthg. to eat with one's bread

comparire to appear

compatire to pity

competitore *m.s.* competitor

compiere to perform; to complete

complesso *m.s.* complex

complottare to plot

comportamento behavior

composto *adj.* composed

compromettere to compromise

comune *m.s.* city hall; municipality

con tutto che although

conca basin

concepire to conceive

concesso allowed

conciliare to reconcile

concitato excited

concordare to agree

concorrente *m.s.* competitor

condiscepolo classmate

condividere to share

condotta conduct

condurre to conduct; to lead

confabulare to confabulate; to chat

confidarsi to confide in

confine *m.s.* border; frontier

confondere to confuse; to mix up

confutare to refute

congegno device; mechanism; **... di suoneria** sound mechanism

congiungere to join

conquidere *arc.* **conquistare** to conquer

consapevole aware; conscious

conscio conscious; aware

conseguimento attainable

conseguito attained

consentire to consent; to permit

consentito agreed

consigliare to advise

consiglio advice; suggestion

consorzio society

constatare to ascertain

contadino *adj.* country; rustic; *m.s.* peasant

contegno behavior; attitude

contentarsi to be content with (sthg.)

contestare to contest

contorno contour

contrapporre to oppose

contrapposto *m.s.* opposite

contrarre to contract

controbattere to refute; to counter

controversia disagreement; controversy

conturbante disturbing

convenire to meet; to concur

convesso convex

convivenza coexistence

convoglio di una funicolare car of a cable railway

convolvolo morning glory

corde dei pesi weight ropes

cordellina tassle

corno *m.s.* (*f.pl.* **corna**) horn; **portare le corna** to be cuckold

corpulento corpulent

corrotto (*p.p.* of **corrompere**) corrupted

corrugare to wrinkle

corsa run; race

cortina curtain

coscia thigh

coscienza consciousness

così sia so be it

costatare (**constatare**) to ascertain; to certify

costretto (*p.p.* of **costringere**) compelled

costui this man

covare to harbor; to smolder
cozzare to clash
cravatta tie
credo belief
crepa crack
crepuscolo twilight; dusk
crespo frizzy; crinkled
cresta crest
creta da vasaio potter's clay
cretino imbecile
crociata crusade
crollare to collapse
cronaca news
cronista news reporter
cucinare to cook
cullare to rock
cuoio leather
cupo dark; gloomy; sullen
cura care; cure
curare to take care (of sthg.)
cuscino pillow; cushion
custodia custody; showcase
cute *f.s.* human skin

D

danno damage
dannoso harmful
dantista Dante scholar
dare ascolto a to listen to; ...
    fastidio to annoy; ... **in smanie**
    to be in a frenzy; ... **nell'occhio**
    to catch s.o.'s eye; ... **retta (a)** to
    pay attention to; to listen to; ...
    su to look out on; ... **un**
    concerto to give (play) a
    concert; **darsi a** to devote oneself
    to (sthg., s.o.); ...**si**
    appuntamento to make a date;
    to make a rendezvous; ...**si pena**
    to feel sorry for oneself; to
    become worried
dati m.pl. data
dattilografa typist
decadenza decline
decapitato decapitated
decapottabile *m.s.* convertible
    automobile
decesso death
decimale *adj.* decimal

dedalo maze
defunto dead
degnarsi to condescend
degno worthy
deleterio harmful
delitto crime
delizia delight
denti guasti decayed teeth
deporre to lay down; to lay
deposito warehouse; deposit
destarsi to wake up; to arouse
destituito destitute; devoid
deteriorare to spoil; to damage
deteriore inferior; worse
determinante determining; decisive
detto *m.s.* saying
di buzzo buono with commitment
di nascosto secretly
di scatto suddenly
diavolo devil
dibattersi to struggle
dicitura caption
diffidenza distrust; suspicion
diffondere to diffuse
dimezzare to divide in halves
dinanzi in front (of)
dintorno around
Dio volendo God willing
dionisiaco Dionysiac
direttore del giornale editor
dirigente ruling
dirigersi to head for (sthg.)
dirimpetto opposite
diritti *m.pl.* rights
diritto straight
dirupato steep
disagio discomfort; hardship
dischiuso (*p.p.* of **dischiudere**)
    opened
discordanza discordance; clash
discorrere to discuss
discorso speech; discussion
discreto discreet
disegnato designed
diseredato destitute; disinherited
disgraziato *adj.* unfortunate;
    wretched; *m.s.* wretch
disgusto disgust
disinvolto informal; unconstrained

dispense *f.pl.* published lecture notes

disperdere to disperse; to dissipate

disporre to arrange; to prepare; to dispose

disposizione *f.s.* disposition

disprezzare to despise; to scorn

disprezzo scorn

disputare to dispute; to argue

dissanguarsi to bleed oneself dry

dissapore *m.s.* disagreement

disseccare to dry up

dissotterrare to disinter

distaccare to detach; to separate

distacco separation; indifference

disteso stretched; spread

distogliere to deter

distrarsi to be inattentive; to let one's mind wander

distratto absent-minded; distracted

ditata fingerprint

ditta business firm; company

diva movie star

divieto prohibition

divisa uniform

docente *m.* or *f.s.* teacher

dolente sorrowful

dolersi to regret; to be sorry

dolore *m.s.* pain

dominatore *m.s.*, **dominatrice** *f.s.* ruler; dominator

dominio dominion; rule

donde whence

dondolante swinging; swaying

dondolare to swing

dopoguerra *m.s.* postwar period

dorato gilded; golden

dotato endowed

dotto learned; erudite

dragamine *m.s.* minesweeper

dubbio doubt

dubitare to doubt

dunque therefore; well then

E

ebbrezza intoxication; frenzy

ebete idiotic

eccelso sublime; supreme

echeggiante echoing

economista *m.* or *f.s.* economist

edema edema

edizione straordinaria special edition

edotto informed; acquainted with

efficace effective

egemonia hegemony; supremacy

eguale equal; even

elemosina handout; charity

elencare to list

elettricista electrician

emicrania migraine

energico energetic

ennesima potenza to the nth power

entrambi(e) both

epigrammatico epigramatic

eppure yet; but

equipaggio crew

equivoco *adj.* ambiguous; *m.s.* misunderstanding

erede *m.s.* heir

eresia heresy

ergastolo prison

eroina heroine

erto steep

erudito scholarly

eseguito carried out; performed

esemplare *m.s.* model

esercito army

esigenza demand, necessity

esiliato *m.s.* exile; *adj.* exiled

esporre to present

espulso (*p.p.* of **espellere**) expelled

essere a disagio to be ill at ease; **... alla mano** to be easygoing; **... atto a** to be capable of; **... battuto** to be beaten; **... concordi** to agree; **... costume** to be the custom; **... degno di** to be worthy of; **... di mezzo** to be in the middle; **... disposto a** to be willing to; **... in grado di** to be in a position to; to be capable of; **... nato per** to be born for

estero *m.s.* foreign lands

esteso (*p.p.* of **estendere**) extended

estetica aesthetics

estrarre to extract

estroso whimsical; inventive
etereo ethereal

F

fabbrica factory
fabbricare to produce; to construct
faccenda matter; affair; housework
facilitare to facilitate
faggio beech tree
fagotto bundle
falbalà ruffle
falce *f.s.* crescent
falciare to mow; to mow down
fallimento bankruptcy; failure
fallire to fail
fama fame
fanale *m.s.* headlight
fanciullo *m.s.* young boy
fangoso muddy
fannullone *m.s.* loafer
fantasma *m.s.* ghost
fante *m.s.* infantryman
fare ala to make way for; ...
    cattiva figura to make a bad
    impression; ... **il bucato** to do
    the laundry; ... **impressione** to
    surprise; to affect; ... **le corna** to
    knock on wood; ... **posto a** to
    make room for
farina flour
fascia band; bandage
fascicolo issue
fascio bundle
fascista Fascist
fastidio annoyance
fatica effort; strain
fatidico prophetic; fatal
fattivo effective
favola fable
fazzoletto handkerchief
fenditura crack
ferita *m.s.* wound
ferito *adj.* wounded
fermentoso fermented
ferrare to shoe
ferro iron; **ferro da stiro** iron
ferrovia railroad
fetta slice; piece
fiamma flame

fiammata blaze
fiammeggiare to blaze; to shine
fiammifero match
fiancheggiato bordered
fiatare to whisper; to breathe
fiato breath
fidanzarsi (con) to get engaged
    (to)
fidanzato fiance
fieno hay
filiforme threadlike
filo thread; wire
filologo philologist
finchè until; since
fine *f.s.* end; conclusion; *m.s.* aim;
    purpose; *adj.* refined
fingere di to pretend to
fingersi to pretend
fino (a) until; up to; ... **da** since
fino *adj.* thin
finto false
fiorame *m.s.* floral design
fiorire to flower; to flourish
fissare to fasten; to stare
fissità steadiness
fitta sharp pain
fitto driven in; dense
flessuoso graceful
flettere to bend
floscio flabby
fodero sheath
foggiare to form; to fashion; to
    mold
fogliame *m.s.* foliage
folgore *f.s.* lightning; thunderbolt
folla crowd; great number
folle crazy; foolish
folto thick
fondare to found
fondo cassa cash fund
forcina hairpin
fornaio baker; bakery
fornire to supply
foro hole
fosso ditch
fracasso racket; din
fragore *m.s.* din; crash
frangersi to break in pieces; *m.s.*
    breaking of waves
frantumare to shatter

frasca leafy branch
frastagliato indented
frastuono din; uproar
frate *m.s.* friar; monk
frattempo meanwhile
frazione hamlet
fregata frigate
fremente trembling
fremito quiver
fronte *f.s.* forehead; front; *m.s.* front
frontispizio frontispiece; title page
frustata lash
frusto worn-out
fucile *m.s.* rifle
fuco drone
fuga flight; escape
fuggire to escape; to flee
fuliggine soot
fulmine *m.s.* lightning; thunderbolt
fulmineo rapid
fungere (da) to act as
funicolare *f.s.* cable railway
fuochista *m.s.* stoker; firefighter
fuori mano out of the way
furbo shrewd; **furbo di tre cotte**
   sly devil
furente furious
furibondo furious

G

gabbia cage
gagliardo strong; vigorous
gaio gay
galantuomo honest man
gallina hen
garantire to guarantee
gareggiare to compete
garofano carnation; clove tree
garza gauze
garzone *m.s.* apprentice; lad
gemere to moan; to groan
gemma gem
genere *m.s.* sort
genio genius
geometra *m.s.* surveyor
gesso plaster; chalk
gestire to gesticulate; to manage
gettare to throw; to spout
ghiacciato frozen

ghirlanda wreath
giacchè as; since
giacere to lie
ginocchio knee
giocattolo toy
girandola wheel; circular form
giudizio judgment
giungere to arrive; to succeed
giunto (*p.p.* of **giungere**) arrived
giuntura joint
giuramento oath
giurare to swear; to take an oath
glabro smooth
goccia drop
goduto (*p.p.* of **godere**) enjoyed
goffo awkward; clumsy
gola throat; gluttony
gomito elbow
gomma rubber
gonfio swollen
gonfiore swelling
gradito pleasant
graffio scratch
grandine *f.s.* hail
grappolo bunch
grata grating
grave serious
gravezza heaviness; gravity
gregge *m.s.* flock
greggio crude
greve heavy; serious
grezzo crude
gridare to shout
grifagno predatory; fierce
grinza wrinkle
grondante dripping; overflowing
grossolanità coarseness
grossolano coarse; vulgar
grotta cave; grotto
groviglio mess; tangle
guadagnare to earn
guadagno earnings
guaio trouble; scrape
guancia cheek
guanciale *m.s.* pillow
guarire to cure; to heal
guasto *adj.* spoiled; rotten; **denti ...**
   decayed teeth; *m.s.* damage
guazza dew
guercio cross-eyed; one-eyed

guerra war
guizzo flicker; flash
gusto taste

I

idolatrico idolatrous
ignudo naked
illeso unharmed
illividire to make livid
illudersi to deceive oneself
illustre illustrious
imbarazzare to embarrass; to
  hamper
imbarazzato embarassed
imbarcadero pier
imbarcare to embark
imbattersi to come across (s.o.)
imbecille imbecile
imboccare to enter; to feed
imboccatura mouth; entrance
imboscato di guerra draft dodger
imbracciare to aim
imbrogliare to swindle; to get in
  the way of
imbruttire to make ugly
immancabile inevitable
immedesimato (*p.p.*
  immedesimarsi) to identify
  oneself (with)
impareggiabile incomparable
impatto impact
impazzire to go mad
impedire to prevent; to hinder
impegno engagement; **con ...**
  seriously
impensierire to worry
impermalirsi to take offense
impiccato *adj.* hanged; *m.s.* hanged
  man
impicciarsi to meddle
impicciolire to make smaller
impiegato *m.s.* employee
impiego job; employment
imporre to impose
importare to matter; to be
  important
importuno bothersome;
  troublesome

impostare to put in position; to
  pose
impoverire to impoverish; to make
  humble
impresa undertaking; enterprise
imprevedibile unpredictable
impronta imprint
improvviso sudden; unexpected
imputare to attribute
in fondo after all
in fondo a at the bottom of; at the
  end of
in licenza on leave
in mancanza di for want of sthg.
in preda a prey to
in tronco incomplete; truncated
inalberarsi to rear up; to lose one's
  temper
inamidato starched
incamminare to start
incamminarsi to set out
incantato enchanted
incaricare to charge; to entrust;
  incaricarsi to handle (it) by
  oneself
incendio fire
inchiesta inquiry; investigation
inchiodare to nail
incidere to cut into; to affect
incirca approximately
incollato stuck; glued
incolto uncultivated; (*fig.*)
  uncultured
incoraggiare to encourage
incorniciato framed
increspare to ripple
incrinato cracked
incrinatura crack
incuriosito made curious
indice index finger
indignato indignant
indisponente irritating
indomabile indomitable
indovinare to guess
indugiarsi to linger on
indurre to induce; to infer
inedito unpublished; unheard of
inesauribile inexhaustible
inesorabile inflexible; implacable
inespugnabile impregnable

infarto heart attack
infastidire to annoy; to disturb
inferno hell
infilare to thread; to put on; to slip in
infisso frame
inframmezzato interposed; alternated
ingannare to deceive; to swindle
ingegno talent; intelligence
ingegnoso ingenious
ingenuo naive
inghiottire to swallow
inginocchiarsi to kneel (down)
inginocchiatoio kneeling bench
ingiungere to enjoin
ingobbire to become hunched at the shoulders
ingombro *adj.* obstructed; tightened; *m.s.* obstruction
ingranare to put into gear
ingrandire to enlarge
ingresso entry; entrance
ingrugnato sulky
iniziativa initiative; enterprise
innalzare to raise; to promote
innalzarsi to rise
innalzato raised; constructed
innamorarsi di to fall in love with
innanzi forward
innanzitutto above all
innesto grafting
inno hymn
inquilino tenant
insanguinato blood-stained
inseguire to pursue
inserviente *m.s.* attendant
insidia snare
insigne famous; illustrious
insofferente intolerant; impatient
insomma in short; well
insonnolito sleepy
insorgere to rebel; to protest
intaccare to corrode
intaglio carving
intanto meanwhile; first of all
intavolare to begin
integrale complete

intendersi to be a good judge (of sthg.); to be expert in
intenditore *m.s.* connoisseur; expert
intermezzo intermission
intervallo break; pause between the transmission of television programs
intervenire to intervene
inteso (*p.p.* of **intendere**) understood
intralciare to hinder
intraprendere to undertake; to embark upon
intravedere to catch a glimpse; to guess
intrecciarsi to intertwine
intrupparsi to join company with
inturgidirsi to swell up
invecchiare to grow old; to age
inverosimile improbable; strange
investire to collide with; to run over
invidiare to envy
involucro covering
ira rage
irascibile irritable
irradiare to radiate
irredento unredeemed
irrequieto restless
irrompere to burst into
irto bristly
iscriversi to enroll
ispessirsi to become thick
ispiratrice *f.s.*, *m.s.* **inspiratore**, inspirer; *adj.* inspiring
istituire to institute; to found

L

laccato lacquered
lacrima tear(drop)
lacrimevole pitiful
laggiù down there
lagna pain in the neck
lagrima *arc.* (**lacrima**) tear(drop)
lama blade
lamentarsi (di) to complain
lamina laminate

lampante shining; clear; evident
lampo lightning; flash
lanciare to throw; to launch
lasciare to leave
lastra slab
lattescente milky
lattina can
laurea university degree
laureato possessing a university degree
lauro laurel
lavacro bathing; baptism
lavapiatti *m.s.* automatic dishwasher
lavatoio washhouse
legato *adj.* tied; connected; *m.s.* legacy; ambassador
leggiadria gracefulness
legno wood
lente *f.s.* lens
lentezza slowness
lentiggine *f.s.* freckle
lentigginoso freckled
lenzuolo bedsheet
leprotto hare
lesto fast
leticare *arc.* (**litigare**) to argue; to quarrel
letizia joy
letterato *m.s.* man of letters; scholar
lettore *m.s.* reader
levarsi to get out; to rise up
levatura intelligence; understanding
libeccio southwest wind characteristic of central Mediterranean
libro book; ... **giallo** detective novel
librato suspended
licenziare to fire from a job
licenzioso licentious
liceo high school
lieve light; soft
liriche *f.pl.* lyric poems
lisciarsi to smarten oneself up
liscio smooth; neat
litigare to argue; to quarrel
litigio quarrel
litoranea coastal road

lode praise
lodevole praiseworthy
lotta struggle; battle
lottare to struggle; to fight
luccichio glitter
lucertola lizard
lume *m.s.* light; lamp
lumetto house lamp
lusinghiero alluring; pleasing
lustrare to polish

M

macchiato spotted
macchietta sketch; bizarre and vivacious person; character (person)
macelleria butcher shop
macerie *f.pl.* ruins
madia kitchen cupboard
magro skinny; thin
maiale *m.s.* pig; pork
malanno illness
malaparola harsh word
malconcio battered; shabby
maleficio spell; crime
malgrado in spite of
malinteso *adj.* mistaken; *m.s.* misunderstanding
malizia malice; mischievousness
malizioso malicious
malore *m.s.* illness
malumore *m.s.* bad mood
mammaione *m.s.* mama's boy
mancare to miss
mancia tip
mandare a male to spoil, to ruin
mandibola jaw
mandra herd
manifesto public announcement; poster; manifesto
maniscalco blacksmith
manopola knob
mansuetudine *f.s.* gentleness
mantenersi to support oneself
mantice *m.s.* bellows
marcia march; gear
marciapiede *m.s.* sidewalk
marcito rotted; decayed

marinaio sailor
mascella jaw
maschio male
massaia housewife
massiccio massive; abundant
materasso mattress
matto crazy
medesimo *adj.* same
medicare to dress (sthg.); to heal;
  to give medication
meditativo meditative
melenso foolish
menare to lead to; to strike
  someone
meno male thank goodness
mensa universitaria student
  cafeteria
mente *f.s.* mind
mentire to lie
mento chin
menzogna lie
meraviglia marvel; wonder
meravigliarsi to be amazed at s.o.,
  sthg.
meraviglioso marvelous
merciaio(a) haberdasher
meridionale *adj.* southern
meritorio meritorious
meschinità wretchedness; misery
mescolare to mix; to mingle
mescolato intermixed
messa mass
messo alle strette placed in dire
  straits
metrica metrics
mettere to place; to put; **... in
  practica** to put into practice; **...
  in salvo** to bring to safety;
  mettersi al passo to keep in
  step; **...si a posto** to get
  established; **...si nei guai** to get
  in trouble
mezzi *m.pl.* means
mezzogiorno noon; southern Italy
mica not at all
miglioramento betterment
minacciare to threaten
minuzioso detailed
miraggio mirage; desire
mirino view finder

misericordia mercy
misero poor; wretched
missile *m.s.* missile
mite meek; mild
modellare to model
molle soft
mollicio soft
monco maimed; one-handed
moncone *m.s.* stump; fragment
monello urchin; little rascal
morbido soft
mordere to bite
morente dying
moribondo *adj.* dying; *m.s.* dying
  man
mortificare to mortify
moscerino gnat
mosso (*p.p.* of **muovere**) moved
mostruoso monstrous
motto motto; saying
movente *m.s.* cause; motive
mucchio heap
muggito bellow; roar
mughetto lily of the valley
mugolare to whine; to howl
mugolo moaning; whining
mulinello whirlpool; ventilating fan
muovere to move
mura *f.pl.* city walls; walls
mutare to change

N

nari *f.pl.* (*lit.*) nostrils
narice *f.s.* nostril
nastro ribbon
natiche *f.pl.* buttocks
nazista Nazi
nebbia fog
negoziante *m.s.* shopkeeper
nemico enemy
nenia dirge; lament
neonato *m.s.* newborn
neppure not even
nerboruto brawny; muscular
nesso connection
netto clear; sharp
ninna-nanna lullaby
nitidezza clarity
nitido neat; clear

nitore *m.s.* neatness; splendor
nocivo harmful
nodo knot
nomignolo nickname
nonostante notwithstanding
norcineria pork-butcher's shop
nostrano locally made, grown, or
    bred
notaio notary
notevole noteworthy; considerable
notizia news; information
novelliere *m.s.* short-story writer

O

oca goose; stupid person
occorrere to need
officina workshop
ogiva ogive; missile
oltrepassare to exceed; to go
    beyond
oltretomba hereafter
ombra shadow
onda wave
ondulato wavy
Onnipotente *m.s.* the Almighty
onusto laden; (*fig.*) covered
operaio(a) worker; *adj.* working-
    class
operosità activity
opporre to oppose; **opporsi** to
    oppose; to object
oppresso (*p.p.* of **opprimere**)
    oppressed; downtrodden
oppure or; or else; otherwise
oramai by this time; almost
orcio pitcher
orco ogre
ordigno mechanism; explosive
    object
ordinanza ordinance
ordine *m.s.* order; rank
orgoglio pride
orgoglioso proud
orlo hem; rim
ormai by this time; almost
orme *f.pl.* footprints; footsteps
oro gold
osanna hosanna; exultation
osare to dare

ospite *m.s., f.s.* guest
ossia that is
ossido oxide
ossuto bony
ostentato ostentatious
osteria tavern
ottenebrato darkened
ozio laziness; idleness

P

pacato calm; quiet
padreterno God Almighty; (*fig.*) a
    god
padrone *m.s.* boss; owner
padrone di sè self-assured
paesano *adj.* rustic; *m.s.*
    countryman; peasant
palcoscenico stage
pallone *m.s.* soccer
palo pole
palpebra eyelid
palpitare to throb; to quiver
palpito throb; agitation
paludoso swampy
paneficio bakery
panetteria bakery
panettiere baker
panno cloth; *m.pl.* clothes
pantofola slipper
paragone *m.s.* comparison
parare to block
parco *adj.* frugal
parecchio *adj.* a lot
parere to seem; *m.s.* opinion
pari equal; even
parlamentare *adj.* parliamentary;
    v. to parley
parlottare to whisper; to mumble
parocchia parish church
parroco parish priest
parteggiare to take sides with
partita game
partito political party
pascere to graze; to feed
pascolo pasture; grazing
passo step; pace
patire to suffer
pavido fearful
paziente *m.s., f.s.* patient

pazzia madness
pazzo mad; crazy
peccare to sin; to err
pedestre pedestrian; dull
pelliccia fur coat
pellicola film
pellirossa (or **pellerossa**) *m.s.* American Indian
pelo hair
pena punishment; pain
pendere to hang; to lean
penombra twilight; dim light
pensione *f.s.* pension
per carità for heaven's sake
per combinazione by chance
per giunta in addition; into the bargain
per lo più for the most part
perciò therefore
percorrere to go through; **... in macchina** to drive through
perdipiede *m.s.* colloquial expression indicating one who does not accomplish anything
perdizione perdition; ruin
perentorio peremptory
perfido wicked
perfino even
pergamena parchment
pericolo danger
periodare to make sentences, phrases
periodico *m.s.* periodical
peritarsi to hesitate
peritoso hesitant
perizia structural analysis
permanere to remain; to persist
pernicioso pernicious; harmful
persino even
personaggio character; important person
pervenuto (*p.p.* of **pervenire**) arrived; attained
pesare to weigh
pescagione *f.s.* catch of fish
peso weight; burden
pettegolezzo gossip
petto bust; chest
piagnisteo whining

piantare in asso to leave s.o. in the lurch
piantarla to stop it; to knock it off
piatto *adj.* flat; dull; *m.s.* plate; dish
picchiare to hit; to beat; **... alla porta** to knock
picco peak
piega fold; wrinkle
piegare to fold up; to bend
pieghevole supple
pietra stone; **... di paragone** touchstone
pietrificare to petrify
pietroso stony
pigiato pressed; crushed
pigrizia laziness
pigro lazy
pillacchera splash of mud
pingue fat
piuma feather
piuttosto rather
pizzicheria delicatessen
pizzo lace
placare to appease; **placarsi** to calm down; to subside
plancia deck
platano plane tree
platea orchestra seats
plauso applause; praise
plumbeo leaden; dark gray
poderoso powerful
poeta *m.s.* poet
poggiare to rest
poichè as; since
polemica controversy; controversial issue
polemista *m.* or *f.s.* polemicist; one given to or skilled at polemics
polemizzare to polemize; to dispute
politica politics; **... estera** foreign policy
poliziotto police officer
polpastrello fingertip
poltrona armchair
polveroso dusty
polverulento dusty
pontile *m.s.* wharf
popolano *m.s.* person of modest origin; commoner

poppe *f.pl.* teats
porre to place; to put; **porsi** to place
portamento bearing; gait; conduct
portata dinner course
portatore *m.s.* carrier
portiere *m.s.* building superintendent
portineria janitor's lodge
posare to put down
posporre to postpone
posto (*p.p.* of **porre**) placed; put
potare to prune; to trim
potenza power
potere *m.s.* power
prateria prairie
pratica practice; experience; paperwork
precipitarsi to rush; to hasten; to throw oneself
precisare to specify
predellino footboard (of a carriage)
predicare to preach
prediligere to prefer
pregare to pray
preghiera prayer
pregiato precious
pregiudiziale *f.s.* prerequisite; prejudicial question
premura hurry; kindness
prendere coscienza di to become aware of; **... di mira** to make someone the target of one's attacks; **... gusto a** to enjoy sthg.; **... in giro** to tease; to make fun of someone; **... l'avvio** to start; **... la palla al balzo** to seize the opportunity; **... sonno** to fall asleep; **... sottogamba** to take lightly
prepotente overbearing
preside *m.s.* dean (of a college)
presso *prep.* with
pressochè almost
prestarsi a to consent to
presupposto *m.s.* presupposition
prete *m.s.* priest
pretendere to expect
prevedere to foresee

previdenza sociale social security
prezioso precious
prigione *f.s.* prison
principale *m.s.* manager; boss
privato di deprived of
privilegiato privileged
proda shore
profezia prophecy
progettato planned
prolisso *adj.* tedious
promosso (*p.p.* of **promuovere**) promoted
proporre to propose
proposito purpose; intention
proposta proposal
proprietario owner
proseguire to continue
prossimo near; recent
proteggere to protect
provenire to come from; to originate
provvedere to provide
pseudonimo pseudonym
pudore *m.s.* modesty
pugnale *m.s.* dagger
pugno fist; punch
pulviscolo dust
pungente sharp; pungent
pungere to prick; to sting
puntellato shored up
punto *adv.* at all
punzecchiare to tease
puzzo foul odor; stench

Q

quadrante dell'orologio *m.s.* clockface
quadro picture; painting
qualora if; in case
Quattrocento fifteenth century (1400s)
quotidiano *m.s.* daily newspaper; *adj.* daily

R

rabbioso furious; rabid
raccapezzarsi to see one's way ahead

raccogliere to pick up; to gather together

raccolto *adj.* collected

raccontare to tell (a story)

raddrizzato straightened

radere to shave; **radersi la barba** to shave

radice *f.s.* root

rado rare; sparse

raffica round of fire

raffigurarsi to imagine

raggio ray

raggiungere to reach; to catch up with

raggiungimento attainment

raggomitolare to curl up

raggrumarsi to cluster

ragionamento reasoning; talk

ragnatela delicate fabric; spider's web

rallentare to slow down

rame *m.s.* copper

rammaricarsi to regret; to complain

ramo branch

rannicchiato curled up

raso *m.s.* satin, *adj.* shaven; cropped

rassegnarsi to resign oneself

rassettarsi to tidy oneself; to arrange

rassomiglianza resemblance

rattoppato patched

ravviato put in order; tidied up

razzo rocket

realizzarsi to come true; to realize oneself

recalcitrare to resist

recare to bear; to cause

recensione *f.s.* review

recensito reviewed

reciso resolute

recitare to recite; to act

reclame *f.s.* publicity; advertising

reclusore *m.s.* prison

recognizione *f.s.* acknowledgment

redenzione redemption

reduce *m.s.* survivor

regalare to give as a present

reggere to support

regina queen

regista *m.* or *f.s.* movie director

rendersi conto di to realize

repentino sudden

repressivo repressive

respingere to reject

rete *f.s.* net; system

retrovia zone behind the front

revisore *m.s.* reviser

riassunto summary

riaversi to recover

ribadire to confirm

ribaltare to run over

ricamo embroidery

ricavare to get; to extract

ricciolo curl

ricciuto curly

ricercato sought-after

richiesta request; demand

ricompare to reappear

ricongiungersi to be reunited

ridicolaggine *f.s.* nonsense

riecheggiare to re-echo

rifluire to flow back

rifugiarsi to take shelter

rifugio shelter

riguardare (a) to regard; to concern

rilievo relief; importance

rimandare to postpone

rimbalzare to bounce

rimbalzo rebound

rimbombo boom; roar

rimediare to remedy

rimproverare to reproach; to reprove; **rimproverarsi** to regret

rincalzare to sustain; to reinforce

rincasare to return home

ringhiera railing

ringonfio swollen

ringraziare to thank

rinomanza fame

rinsaldare to strengthen

rintocco stroke; ring (of a bell)

rinunciare to renounce; to give up

rinunziare (rinunciare) to renounce

rinvio postponement

riparo shelter

ripercorrere to go through (sthg.) again; to go back over

ripido steep

ripiegamento bending; retreat

ripigliare (riprendere) to retake; to take back

ripristinare to restore

ripromettersi to intend; to hope

riprova proof; **a ... di** as proof of

risalire (a) to go up again; to go back

rischiare to risk

riscontro comparison

riscuotere to rouse; to merit

risentire to feel; to hear again

risentito *adj.* resentful; heard again

risonare to ring out

risorto (*p.p.* of **risorgere**) revived; resurrected

risparmiare to save

rispecchiare to reflect

rissa brawl

ristampa reprint

risucchiato sucked in; pulled back

risveglio awakening; revival

ritirare in ballo to discuss again

ritornello refrain

ritrarre to withdraw; to derive; **ritrarsi** to withdraw

ritratto *m.s.* portrait; image

ritrovato invention

ritrovo nightclub

riuscire to succeed

riuscita success

rivalsa revenge

rivendicazione *f.s.* claim

riverbero reverberation

rivolgersi (a) to turn (to s.o.); to apply

rivolto (*p.p.* of **rivolgersi**) directed

roba stuff; things

romanticheria romantic fancies

romanziere *m.s.* novelist

rombo rumble; roar

rompere to break

ronzio buzzing

roteare to whirl; to roll

rotolare to roll; to fall over

rotolo roll

rottura breakage; breakup

rovescia reverse; **alla ...** upside-down

rovesciare to overturn; **... il sacco** to get sthg. off one's chest

rovinare to ruin

rovine *f.pl.* ruins; rubble

rovinoso ruinous

rozzo coarse; primitive; simple

rubrica rubric; (*journ.*) column; feature

rude rough; coarse

ruggine *f.s.* rust

ruota wheel

rupe *f.s.* cliff; rock

ruzzolare to tumble down

S

saccoccia pocket

sacerdote *m.s.* priest

saggio *m.s.* essay

sagometta profile

sala hall; room

saldo solid

salsedine *f.s.* saltiness of the sea

salute *f.s.* health

salvo *prep.* except

sangue *m.s.* blood

sapere di to smell of; to have the air of

sapore taste; flavor

sardo Sardinian

sassata blow with a stone

saziare to satisfy; to satiate

sazietà satiety

sbarra bar

sbarrare to block

sbattere to bang; to slam

sbieco aslant

sbocciare to blossom

sbrigarsi to hurry

sbrigliarsi (*fig.*) to get out of control; *m.s.* outburst

scacciare to drive out; to expel

scadente declining; inferior

scaffale *m.s.* bookshelf

scaglia fragment

scaltro shrewd; astute

scandito (*p.p.* of **scandire**) pronounced

scantonare to turn

scappare to escape; to run away

scaravella reed

scarmigliato disheveled

scarno thin; lean

scartare to reject; to discard

scarto discarding; swerve; difference

scatoletta little can

scattare to dart

scemo *m.s.* imbecile; idiot

scempio *m.s.* slaughter

scheggia chip; fragment

schermo movie screen

scherzare to joke

scherzo joke

schiacciare to crush

schiavo slave

schiavistico tyrannous

schiera formation; large group

schietto clear; frank

schiudere to open

schiumoso frothy; foaming

schizzare to splash; to squirt; to leap

sciagurato unlucky; miserable

scialle *m.s.* shawl

sciancato crippled

sciattare to crumple; to spoil

sciatto careless; inattentive

scimmia monkey

scintillante glittering; sparkling

sciogliere to loosen; to melt

sciogliersi to dissolve; to disperse

sciolto melted; loose; freed

sciopero strike; **scendere in ...** to go on strike

scirocco (sirocco) warm southeast wind from Africa

scivolare to slide, to slip

scoglio reef

scomparire to disappear; to be lost

scomparso (*p.p.* of **scomparire**) disappeared; lost

scomporsi to get upset

sconfitto (*p.p.* of **sconfiggere**) defeated

sconvolto (*p.p.* of **sconvolgere**) upset; disturbed

scopiazzamento imitation

scopo aim; object

scoppiare to burst; to break out

scoppio explosion

scordare to forget

scorgere to perceive; to notice

scorrere to look through; to skim

scosceso steep

scossa shock; jolt

scostare to move away; to distance

scostarsi to stray from; to stand aside

scottare to burn

scricchiolare to creak

scritto *m.s.* piece of writing

scrivere a dispetto *m.s.* polemical way of writing

scroccare to scrounge

scrollatina shaking; tossing

scudo shield

scuotere to shake; to stir

sdegno indignation; contempt

sdegnoso disdainful

sebbene though; although

seco *poet.* with one

sede *f.s.* seat

sedurre to seduce

seggiola chair

segnare to mark

seguace *m.s.* follower; disciple

seguitare to follow

seguito procession

Seicento seventeenth century (1600s)

selce cobblestone

selvaggio wild; savage

semina sowing

seno bosom; breast

senonchè except that

sensibile sensitive; concrete

sentirsi in colpa to feel guilty

serbare to keep

serrare to tighten; to lock

serva servant

servitù *f.s.* servitude; bondage

servizievole obliging

settentrionale northern

settimanale *m.s.* weekly magazine

sfacchinare to drudge; to toil

sfarfallare to flutter
sfasciare to shatter
sfida challenge
sfidare to challenge; to defy
sfilata procession
sfiorare to touch lightly; to graze
sfollare to disperse; to evacuate
sfollato homeless
sfondato worn out
sforzo effort; strain
sfregamento rubbing
sfruttamento exploitation
sfruttato exploited; overworked; *m.s.* exploited person
sfuggire to escape; to avoid
sfumato shaded
sfumatura overtone
sgabello footstool
sgomento *m.s.* dismay; surprise
sguardo glance; gaze
sicchè so that; so
siccità drought
siccome since; because
siepe *f.s.* hedge
sigaro cigar
Signore Lord
simboleggiare to symbolize
simili *m.pl.* fellow men
simposio banquet; symposium
simulacro image
sinchè (finchè) until
sindacale *adj.* labor union
sindacato labor union
sindaco mayor
singhiozzare to sob; to hiccup
sino da (fino da) since
sinistrato *m.s.* victim
sintomo symptom; sign
siparietto stage curtain
slabbrato broken down; chipped
slacciare to undo; to unlace
slanciarsi to hurl oneself
slanciato slender
smaltato glazed
smania desire; frenzy
smarrito bewildered; confused
sminuzzare to break into little pieces
smisurato immeasurable; enormous
smorfia grimace

smozzicare to mumble
smunto pale
smouvere to move
snello slender
soave soft; gentle
socchiuso (*p.p.* of **socchiudere**) half-open
soccorrere to assist
socio partner
soffiare to blow; *colloq.* to take away
soffitto ceiling
soffregare to rub gently
sogghigno snear
soglia threshold
sognarsi to imagine, to dream
solco furrow
solere to be in the habit of; **come suol dirsi** as is usually said
sollecitare to urge; to solicit
solleone *m.s.* dog days; very hot sun
sollevare to raise
sollevarsi to rise
somigliare (a) to resemble
sommato in total; added up
sommo *m.s.* highest; supreme
sonnambulo(a) sleepwalker
sonnolento drowsy; sleepy
sopportare to endure; to put up with
sopracciglio (*f.pl.* **sopracciglia**) eyebrow
sopraffare to overwhelm
sopraggiunto (*p.p.* of **sopraggiungere**) arrived
soprannome nickname
sopravvissuto *m.s.* survivor; (*p.p.* of **sopravvivere**)
sopruso abuse of power; injustice
sorgere to rise
sorreggere to support
sorte *f.s.* fortune, destiny
sorvegliare to watch over
sorvolare to fly over
sostenuto (*p.p.* of **sostenere**) supported; assisted; maintained
sottana petticoat
sottile thin; fine

sottoscala *m.s.* space under a staircase

sottovoce in a low voice

sovente *adv.* often

soverchio *adj.* excessive; *m.s.* excess

sovrapporre to superimpose

sovrastare to dominate

spaccare to split

spaccato *m.s.* cross-section

spalancare to open wide

spalla shoulder

sparire to disappear

sparso (*p.p.* of **spargere**) scattered

spartito shared; divided

sparuto skinny

spaventare to frighten

spavento fright

specchio mirror

specie *f.s.* kind; sort; species

specola observatory

spegnere to extinguish; to turn off; **spegnersi** to go out

spento (*p.p.* of **spegnere**) extinguished

spenzolarsi to lean out

sperduto lost

spettare (a) to be (for s.o.); to be owed (to s.o.)

spezzare to break in pieces

spiacciacato squashed

spiantare to ruin; to uproot

spiccare il volo to take to flight

spiccato distinct; striking

spigo lavender

spigolo edge; corner

spillo pin; **... di sicurezza** safety pin

spingere to push

spino thorn; bramble

spopolamento depopulation

sporgersi to lean out

sposo bridegroom

spostare to move; to change; **spostarsi** to move

sprofondare to plunge

spronare to spur

sprovvisto lacking

spuntato sprouted

squassare to shake violently

sradicato uprooted

stablirsi to establish oneself

staccare to remove; to detach

stagionale *adj.* seasonal; *m.s.* seasonal worker

stampa press; printing

stanga barrier

statuario statuesque

stecchito skinny; dried up

stella star

stempiato balding at the temples

stenodattilografia shorthand typing

stentato difficult; **sorriso ...** weak smile

stipendio salary

stoppia del saccone corn husks or stubble in mattress

storcere to twist; to bend

storico *m.s.*; historian *adj.* historic

storpiarsi to be maimed

storto twisted; crooked

strapiombante leaning

strappare to snatch; to tear; to pull off

strattone *m.s.* pull; shove

strepitare to yell

stretto narrow; tight

strettoia narrow space

striato striped; streaked

strillare to scream

stringere to press; to squeeze; **... la mano** to shake hands

striscia strip

strombettare to honk the horn

strusciare to rub

stuolo crowd; group

stupefacente astonishing; marvelous

stupito amazed

stupore amazement

subalterno inferior; subordinate

subire to undergo; to suffer; to endure

succoso juicy; pithy

sudare to perspire

sudore *m.s.* perspiration

sulle prime at first

suolo ground; soil; land

suonare to play an instrument; to sound
superare to exceed; to overcome
supporre to suppose
suscitato provoked
suscitatrice *f.s.* one who gives rise to (sthg.)
susseguirsi *m.s.* succession of events
sussurrare to whisper
svanire to vanish
svaporare to evaporate
svelto quick
svincolarsi to free oneself
svizzero Swiss
svolgersi to develop
svoltare to turn
svuotato emptied

T

tacere to keep silent
tacitare to silence
taciturno taciturn
tagliacarte *m.s.* paper knife
tagliare to cut
tagliente sharp
taglio (editorial) deletion; cut
tale *adj.* such
taluno *pron.* or *adj.* some; *pl.* some people
talvolta sometimes
tasca pocket
tecnico *m.s.* repairman
teleschermo television screen
televisore *m.s.* television set
temere to fear
tempesta storm
temuto (*p.p.* of **temere**) feared
tenebroso gloomy; mysterious
tenere a freno to keep in check
tenere conto di to take account of; to consider
tenero tender
tentare di to attempt; to tempt
tentativo *m.s.* attempt
tentennare to stagger
teppista *m.s.* hoodlum
tergiversare to procrastinate; to hesitate

terremoto earthquake
teso tight; stretched
tesoro treasure
tessitrice *f.s.*, **tessitore** *m.s.* weaver
testata head; top
testimone *m.s.* witness
testimoniare to bear witness; to give evidence
testone *m.s.* genius; *lit.* big head
tetro gloomy
tetto roof
timone *m.s.* shaft (of a cart or chariot)
timore *m.s.* fear
tipografo printer; typesetter
tiranno tyrant
tirare to pull; to throw
tirare in ballo to bring (sthg., s.o.) into it; to discuss
titolare *m.s.* person responsible
toccare to touch; (*intrans. prep.* ... **a**) to be obligated to; to be one's turn
tollerare to tolerate
toppa patch
torace *m.s.* chest
torlo egg yolk
torma crowd
torrefazione coffee house
tozzo *adj.* squat; *m.s.* piece
traboccare to brim over; to overflow
traccia trace; trail
tracciare to trace
tradimento betrayal
tradire to betray
trafficare to trade; to do business in
traforo tunnel
tralasciare to omit
tramato interwoven
trambusto bustle; turmoil
tranne but; except
transatlantico *m.s.* ocean liner
transvolata overseas flight
trascinare to drag; **trascinarsi** to drag oneself along
trasgredire to disobey; to transgress

trasmigrare to transmigrate
trasmissione *f.s.* telecast; broadcast
trasognato dreamy
trasparire to shine (through sthg.)
trasporto transport; passion
trattarsi di to be a question of; to have to do with
trattenere to keep; to restrain
trattoria restaurant
travaglio trouble; toil
travolgere to sweep away; to overwhelm
tremante trembling
trepidare to tremble
trescare to intrigue; to conspire
troncare to truncate; to interrupt
trucco trick; make-up
tuono thunder
turbato upset; troubled
turchino deep blue
turrito turreted
tutela protection
tutelare to protect; to defend

U

ubbriacarsi to get drunk
uccidere to kill
udire to hear
uditorio *m.s.* audience; listeners
umiliare to humiliate; to humble
umore mood; humor
uomo politico politician
urbanesimo growth of towns; movement of population into cities
urlare to shout; to yell
urlo scream; yell
urtare to bump into
usare (+ *infinitive*) to be customary
uscio door

V

vaccino vaccine
valere to be worth
valore *m.s.* value
valoroso valiant; capable
vampa burst of flame; blaze

vano useless; frivolous
vantaggio advantage; profit
vanto boast; glory; **a suo ...** to his or her credit
vapoforno bakery
variopinto multicolored
vecchiaia old age
vedersi al perso to give oneself up for lost
veglia sleeplessness
velato veiled
veleno poison
vellichio fleece
vello animal's coat
velluto velvet
velo sail
venato veined
vendita sale
ventata gust of wind; *fig.* wave
ventre *m.s.* stomach; abdomen
vergogna shame; disgrace
vergognarsi to be ashamed
veridico *adj.* truthful; true
vertigine *f.s.* dizziness
vertiginoso dizzy
vestaglia nightgown
vestibolo lobby
vetrina store window
vetro glass
vettura vehicle
via via che as
viandante *m.s.* wayfarer
viatico viaticum
viavai *m.s.* coming and going
vicenda event
vicino(a) neighbor; *adv.* near
vicolo alley; lane
vietato forbidden; prohibited
vigilare to watch (over s.o., sthg.)
vigliacco coward
vigneto vineyard
vincolo tie; bond
viscere *m.s.* vital organ
vischioso sticky
viso face
vispo lively; sprightly
vivo alive; **sul ...** in-depth
vizio vice; bad habit
volante *m.s.* flounce
volare to fly

volentieri willingly
volere bene a to love; to be fond of (s.o.)
volere male a to hate; to dislike (s.o.)
volgere to turn; **volgersi** to turn
volonteroso willing
volontà will; willingness
voltare to turn; **voltarsi** to turn
volto face
voluttà voluptuousness
voragine *f.s.* chasm

Z

zampa paw
zampillo jet of water
zazzera mop of hair; mane
zeppo *adj.* crammed with
zigomo cheekbone
zittire to hush up
zolfanello match
zolfino sulfurous
zoppo lame